남도여행법

일러두기

* 경전선의 기차역은 총 60개다. 기차가 서지 않는 역이거나 폐역은 각 부 페이지에 괄호로 표기했다.

경전선을 타고
느리게, 더 느리게

남도여행법

김종길 지음

Prologue

느림의 미학, 세상에서 가장 느린 기차 경전선

속도의 시대, 질주하는 KTX에도 아랑곳하지 않고 자기만의 방식으로 묵묵히 달리는 기차가 있다. 세상에서 가장 느린 경전선이다. 경상남도 밀양 삼랑진역에서 출발한 기차는 남도의 구석구석을 800리쯤 돌아 광주송정역에서 멈춘다.

경전선은 경상도와 전라도를 잇는다 하여 붙여진 이름이다. 1903년에 삼랑진과 마산포를 잇는 공사를 시작으로 1905년 마산선이 운행을 시작함으로써 지금의 경전선이 비롯되었다. 그 후 1925년에 마산과 진주, 1930년에 광주송정과 순천, 1968년에 진주와 순천을 잇는 경전선이 완성되면서 경전선은 그 이름에 걸맞게 경상도와 전라도를 오가는 기차가 되었다. 300km가 넘는 경전선이 완성되는 데 60년이 넘는 시간이 걸렸던 것이다. 1968년까지만 해도 60여 개의 역이 있었다고 하나 이용객의 감소로 더러 많은 역들이 자취를 감추었다. 2000년 11월에는 비둘기호가 없어지면서 무궁화호는 경전선을 오가는 유일한 완행열차가 되었다. 급기야 2012년 10월 23일 마산과 진주 구간이 복선화되면서 숱한 역들이 다시 사라졌다. 대신 진주에서 하동, 하동에서 순천, 순천에서 광주송정까지의 기찻길은 예전 그대로 남아 있다.

제 아무리 고속철도가 들어와도 구불구불 느릿느릿한 경전선의 매력을 앗아갈 수는 없다. 수많은 간이역이라는 섬을 하나하나 이어주며 서두르지 않고 오늘도 제시간에 역에 들어서는 정직하고 믿음직스런 경전선이다. KTX가 시속 300km로 달린다지만 이

기차는 시속 30km로 달린다. KTX라면 1시간에 주파할 거리를 무궁화호는 무려 5시간이 걸려서야 종착역에 도착한다. 그러나 그 느림 속에 미학이 있다. 그 느림 속에 사람들의 삶이 있다. 그 느림 속에 문화가 있다. 300.6km의 철길은 역과 역을 잇고, 마을과 마을을 잇고, 사람과 사람을 잇고, 문화와 문화를 잇고, 영남과 호남을 잇는 소통과 대화의 길이다.

경전선 여행은 좀 더 느린 방식의 여행, 떠나기만 해도 치유가 되는 여행, 일체의 근심걱정을 떨칠 수 있는 여행이다. 한적한 간이역과 기찻길 옆 사람들의 삶이 묻어나는 오일장, 덩그러니 팽개쳐 있는 이 시대의 문화유적을 보며 스스로 치유하는 길이기도 하다.
역은 저마다의 풍경을 가지고 있다. 봉하마을로 유명해진 진영역, 소고기 구워먹는 진상역, 문화재로 지정된 원창역, 곽재구의 시 〈사평역〉의 무대로 알려진 남평역, 아름다운 기찻길로 유명한 원북역, 코스모스 축제로 거듭난 북천역, 피난선의 전설이 깃든 횡천역, 드라마 〈여름향기〉의 촬영지 명봉역, 옛 추억의 문화장터가 있는 득량역, 수목원을 이름에 품은 진주수목원역……. 그 이름만 들어도 가슴 설레는 역들이다.
 또한 역 주위로는 다양한 문화가 숨 쉬고 있다. 시간이 멈춘 듯한 삼랑진의 옛 골목길, 함안의 아라가야 고분군, 김승옥의 《무진기행》을 따라간 순천만, 〈독립선언서〉 초안과 〈등신불〉을 지은 사천 다솔사, 화려한 골목길로 변신한 마산 창동예술촌, 비빔밥과 냉면의 고장 진주의 소싸움, 영남의 3대 시장이었던 하동읍내시장과 소설 《토지》의 무대 평사리, 더 이상 기차가 오지 않는 생육신의 고장 원북마을, '무소유' 법정 스님의 불일암, 벌교의 명물 꼬막과 《태백산맥》을 따라 걷는 시간여행, 진상까지 했다는 광양의 명물 '광양김', 섬진강의 진미 '벚굴', 숲속의 강골마을 옛집들, 화포천의 대통령 길 등 경전선 주위에는 다양한 문화가 숨 쉬고 있다. 그뿐만 아니라 진주남강유등축제, 진해군항제, 광양매화축제, 순천정원박람회, 하동야생차축제, 김해분청사기축제 등 다양한 축제가 벌어지고 있다.

이 책은 단순한 여행안내서가 아니라 사라져 가는 것들의 기록, 잊혀 가는 것들의 기록이다. 로드다큐이자 인문지리서다. 또한 문화기행서이자 철도여행서다.
경전선의 느린 풍경 속에 쉼표처럼 찍혀 있는 역은 모두 60개다. 폐역이 16곳, 기차가 서는 역이 34곳, 기차가 서지 않는 역이 10곳이다. 저마다의 개성을 가진 역들은 사람들과 수십 년의 삶을 같이 해왔다. 그 부침의 세월 동안 어떤 역은 폐역이 되었고, 일부는 역무원이 없는 무인역이 되었고, 어떤 역은 새로이 단장을 했고, 또 어떤 역은 문화재로 지정되기도 했다.

느릿느릿 구불구불 이어지던 경전선도 지금은 선로를 곧게 하고 복선화 공사가 한창 진행 중이다. 세상에서 가장 느린 기차가 빨라지는 순간 우리는 또 무언가를 잃게 될 것이다. 어쩌면 여행자는 우리가 잃어버리게 될, 곧 사라지게 될 삶의 풍경을 담으려고 애쓰는지도 모르겠다. 다행인지 옛 기억들을 되살리려는 남도관광열차인 S트레인이 2013년 9월에 생겼고, 삼랑진과 순천까지의 옛 철길을 '남도순례길'로 조성하자는 이야기들이 설득력을 얻고 있다.

여행은 '타임 슬립'의 과정이다. 여행은 단순히 이 공간에서 저 공간으로의 이동만이 아니라 현재에서 과거와 미래로 옮겨가는 여정이다. 《동양기행》의 후지와라 신야는 "저마다 고유의 지층 연대 위에 사는 지구의 다양한 공간들을 옮겨 다니면 '타임 슬립'이 가능하기에 여행을 다닌다."고 했다. 그 고유의 지층 연대 위에 사는 삶의 풍경들을 만나기 위해 느리게, 과거와 미래의 경전선으로 떠나 보자. 세상에서 가장 느린 기차 경전선, 2012년 8월부터 2013년 7월까지 그 1년의 기록이 여기에 있다.

2014년 5월

김종길

목차

Prologue 느림의 미학, 세상에서 가장 느린 기차 경전선

1부
타임 슬립
마산선 1905

시간이 멈춰버린 마을
삼랑진역 014

화포천따라 대통령의 길을 걷다
진영역-봉하마을-한림정역 024

억새풀마저 아름다운 곳
창원역 034

빈 점포 가득했던 골목길의 화려한 변신
마산역 046

PLUS 사진으로 보는 마산선의 역사 寫眞 059

2부
회상의 길
진주선 1925

가운데에 기찻길이, 시끌벅적 가야시장
함안역 062

봄날의 빨래터, 할머니 입담에 봄이 성큼성큼
군북역 074

조상이 생육신이니 오죽 힘들었겠어요
원북역 084

줄서서 사먹는 반성오일장 손두부집
반성역 094

진주의 맛과 멋에 빠지다
진주역 108

PLUS 사진으로 보는 진주선의 역사 寫眞 121

3부
강의 동쪽

경전선① 1968

만해 한용운과 김동리가 다솔사로 간 까닭은?
완사역 124

흔한 코스모스라고요? 여긴 다릅니다
북천역 134

홀로 역 지키는 이 남자, 밤엔 별을 만나요
횡천역 142

"중국산이면 500배 변상해 드립니다"
하동역 150

PLUS 사진으로 보는 경전선①의 역사^{驛송} 163

4부
남쪽 여행

경전선② 1968

'농부네 텃밭 도서관'을 아시나요
진상역 166

윤동주의 유고, 이곳에 숨겨져 있었다
옥곡역 176

글을 아는 이, 사람 구실 참으로 어렵구나!
광양역 192

'무소유의 달' 12월엔
맑고 향기로운 불일암을 찾으세요
순천역 200

PLUS 사진으로 보는 경전선②의 역사^{驛송} 213

5부
남도방랑

광주선① 1930

벌교 구석구석 시간여행
벌교역 216

풋풋한 남도의 봄, 청보리밭을 걷다
예당역-조성역 226

보성 득량역 문화장터와 강골마을 한바퀴
득량역 242

보성 차밭 풍경의 핵심은 곡선미!
보성역 258

PLUS 사진으로 보는 광주선①의 역사驛舍 269

6부
미륵의 꿈

광주선② 1930

설렘을 품게 한 산사의 기억
이양역 272

유서 깊은 고장, 경전선 최고의 풍경
능주역 282

천불천탑 미륵의 꿈을 꾸다
화순역 294

전국에서 가장 아름다운 간이역
남평역 308

300.6km 경전선 남도 800리 여정을 마치다
광주송정역 318

PLUS 사진으로 보는 광주선②의 역사驛舍 330

번외
벚꽃엔딩

경부선 원동역,
그리고
진해선 진해역

이 땅에서 좀처럼 보기 힘든 절정의 풍경
원동역 334

진해 참모습은 벚꽃 너머 골목길에 있다
진해역 344

Epilogue

경전선 1년의 기록

부록

경전선의 역사
경전선의 철도유산
경전선의 오일장
경전선의 접속노선과 지선들
경전선 기차운행표

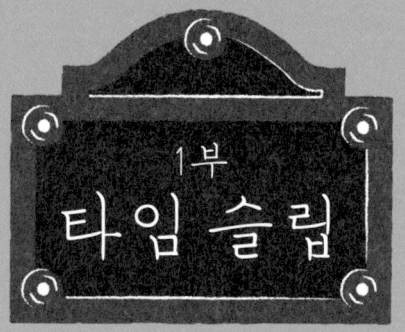

마산선 1905

구불구불 느릿느릿……. 세상에서 제일 불편하고 가장 느린 기차를 타고 도착한 삼랑진역은 잿빛이었다. 먹구름이 잔뜩 낀 하늘은 금방이라도 비를 퍼부을 것만 같았다. 경전선. 왜 이리 마음을 뒤흔드는지 모르겠다. 영남과 호남을 잇는 유일한 철도라서 그럴까. 아니면 버스보다 훨씬 느린 속도로 달리는 무궁화호 때문일까. 그도 아니라면 2012년을 마지막으로 사라진 역들이 있기 때문일까. 원북역, 평촌역, 진주수목원역, 진성역, 갈촌역, 남문산역, 개양역…… 이름만 들어도 정겨운 역들이다.

시간이 멈춰버린 마을

삼랑진역

밀양 삼랑진역에서 광주 송정역을 잇는 300.6km의 경전선은 경사가 심하고 곡선이 많아 옛 추억을 그대로 간직한 채 달리고 있다. 삼랑진은 경전선의 출발역이면서 그 역사가 시작된 곳이다. 1903년에 삼랑진과 마산포를 잇는 공사를 시작으로 1905년 마산선이 운행을 시작함으로써 지금의 경전선이 탄생했다. 삼랑진역은 경전선의 요람인 셈이다.

경전선, 추억을 간직한 채 달리다

경부선과 경전선이 만나는 삼랑진역은 부산과 대구의 중간에 있다. 하루에도 수십여 대의 기차가 지나는 이곳을 철도 교통의 요충지라고 애써 거들먹거리지 않아도 금방 알 수 있다.

철길 옆에는 이를 증명이라도 하듯 1923년에 지어졌다는 급수탑이 우람하게 서 있다. 급수탑은 예전에 증기기관차가 운행되던 시절, 기차에 물을 공급하기 위해 역내에 지어진 철도 시설물이다. 1899년 우리나라에서 처음 등장했던 급수탑은 1950년대 디젤기관차가 등장하면서 사라지고 지금은 등록문화재로 남았다. 무성한 담쟁이 덩굴에 덮여 옛 영화는 찾을 수 없지만 탄탄한 모습에서 한때 번잡했을 삼랑진역을 상상해 본다.

읍내에서 수십 년째 택시를 몰고 있는 정영호 씨는 삼랑진역에 증기기관차가 드나들던 어린 시절을 기억하고 있었다. 씩씩거리며 들어오는 기차를 따라 뛰며 환호성을 지르기도 하고, '노리까리'라 했던 기차에 급수를 하는 장면도 직접 봤다고 한다. 인근에 있는 미전역에서 뱀처럼 긴 기차가 몸통은 그대로 두고 머리만 떼어 방향을 바꿨는데, 그 모습이 하도 신기해 아직도 기억이 생생하다고 했다.

"1960년대까지만 해도 밀양은 여기에 비할 거도 아니었제. 사람들로 미어터졌어요. 기차가 설 때마다 사람들이 마구 쏟아져 나왔어. 돈요, 길에 깔린 게 돈이었어. 여관도 엄청 많았고……."

승강장에서 대합실로 가는 지하통로에서 삼랑진의 옛 모습을 더듬을 수 있었다. 잠시 시간을 내려놓고 회색의 벽에 걸린 옛 삼랑진의 사진들을 바라봤다. 오늘

삼랑진역 철길 옆에는 옛날 증기기관차 시절 기차에 물을 공급하던 급수탑이 있다.

을 달리는 땅 위와는 달리 이곳은 어제로 돌아가고 있었다.

타임 슬립, 삼랑진 골목길을 걷다

삼랑진역을 나오자마자 타임 슬립이 되는 느낌이다. 반듯한 역사와는 달리 옛날 영화 촬영지 같은 풍경이 눈앞에 펼쳐진다. 아직도 일본식의 흔적이 그대로 남은 가옥이 더러 보인다. 상호만 봐도 재미있다.

서점 이름이 '인간서점', 미용실은 '머리이야기, 까꼬뽀꼬'이다. 보석방은 너무나 익숙한 '명성당', 약만 지어주는 한약방은 '삼대한약방'이다. 커피·주스만 적어 놓은 '명성휴게실'이라는 곳은 안을 들여다보고 싶다. 아마도 다방이겠지…….

택배 회사는 이름이 따로 없다. 그냥 '택배'다. 시골에선 ○○회사라는 이름이 되레 낯설다. 그냥 두루뭉술하게 이름 붙여 운영하다 물건이라도 있으면 적당한 택배 회사를 불러 보내면 그만이다. 농약방은 간판조차 없다. 여러 가지 잡동사니와 더불어 그때그때 필요할 때 가져가면 된다. 얼핏 보기에 작은 수족관 하나 없는데 회를 파는 식당도 보인다. 무슨 회를 팔까. 분명 '바다 회'라고 적어 놨다. 선어회겠지.

거리를 둘러보고 새마을금고 뒤로 갔다. 역 앞 일본식 건물 앞에서 쉬고 있던 택시기사 정씨는 예전 박정희 대통령이 삼랑진에 왔을 때 역 앞 게양대에 서 있던 장면을 또렷이 기억했다. 그가 소개한 곳이 과거 삼랑진역 근처에 몰려 있던 철도관사였다.

철도관사는 일부 변형이 됐지만, 지금도 옛 가옥과 골목의 형태는 그대로 남아 있어 철도 교통의 중심으로 번잡했던 옛 삼랑진의 모습을 엿볼 수 있었다. 얼핏 보기에는 집의 모양이 달라 보이나 자세히 보면 집 하나하나가 판에 박은 듯 비

삼랑진역을 벗어나자마자 또 다른 시간의 지층, 타임 슬립이 되는 느낌이다. 철도관사 건물(맨 위)과 삼랑진에서 흔히 볼 수 있는 옛 일본식 가옥의 흔적(가운데), 서점 들.

숫하다. 축대도 일본 특유의 축조법이 보인다.

"매일 기차역으로 오가는 사람들이 엄청났지요. 그러다보니 철도에 근무하는 사람들도 많았고. 이 일대가 전부 철도관사 자리지요. 한 30여 호 될 거요. 내가 여기서 한 50년 살았는데, 지금이야 살기에 좋으라고 개조를 했지만 겉모습은 옛날하고 똑같아. 골목길도 예전 그대로고 변한 게 거의 없어."

골목에서 만난 최진호 할아버지는 옛 기억을 더듬었다. 일제 때 지어진 이곳의 철도관사는 해방 후 불하가 돼 사람들이 생활하기에 편리하도록 점차 내부를 개조했다고 한다. 그는 철도에 종사하다 50년 넘게 이 집에서 살고 있다며 넌지시 자부했다. 마을 한쪽에는 오래된 우물이 있었다. 지금은 상수도 시설이 집집마다 있으나 불과 십수 년 전만 해도 이 우물은 철도관사가 있는 마을에 긴요하게 쓰였다.

딸기 시배지 삼랑진과 송지시장

읍내를 나와 강변으로 향했다. 지하도로를 건너야 했다. 지나가는 차들의 소음이 귀청을 울린다. 손바닥으로 귀를 감쌌다. 문득 울릉도에서 도보 여행을 할 때 어두컴컴한 터널의 그 이상야릇한 공포가 새삼 떠올라 쏜살같이 지하도를 빠져나왔다. 침침한 길을 환하게 바꾸려는 듯 하얀 벽에 빨간 딸기가 커다랗게 그려져 있고, '딸기 시배지 삼랑진'이라고 큼직하게 써 있었다. 말 그대로 삼랑진은 우리나라 딸기 시배지다. 1943년 당시 삼랑진 금융조합 이사였던 고 송준생 씨

삼랑진은 우리나라 딸기 시배지다.

가 일본에서 모종 10여 포기를 들여온 것이 그 시초라고 한다. 흔히 밀양 하면 깻잎·고추·배·대추 등이 유명한데, 얼음골 사과·초동 단감·하남 감자와 함께 딸기는 밀양을 대표하는 농산물이다.

송지시장이 보였다. 삼랑진 시장 하면 이곳 송지시장을 일컫는데 4일과 9일에 열리는 오일장이다. 송지시장은 역에서 가까워 걸어서 10분 정도면 도착한다. 시장 음식으로는 비빔밥과 장어구이가 유명하다. 우리가 흔히 밀양의 대표 음식 하면 밀양 돼지국밥을 떠올리지만 예전 삼랑진에는 '장어 도시락'이라는 별난 음식이 있었다.

통영의 충무김밥이 뱃사람을 위해 만들어졌다면, 이곳 장어 도시락은 기차 여행객들을 위해 만들어진 음식이다. 교통의 요지라 워낙 드나드는 사람들이 많다 보니 장어가 상하지 않도록 훈제해 밥과 함께 도시락에 넣어 허기진 여행객들에

밀양에 오면 꼭 먹어야 하는 웅어를 송지시장 길거리에서 만났다.

게 내팔던 음식이었다. 시장이 서는 날이 아니어서 장어 도시락의 존재는 확인할 수 없었으나 장어구이를 하는 식당은 더러 보였다.

길거리 횟집에는 웅어를 판다는 간판을 내걸었다. 이곳에서 '보리 누루미'라 불리는 웅어는 낙동강을 따라 삼랑진과 양산의 물금·창녕의 남지 등에서 잡힌다고 한다. 원래 바닷물고기인데 산란철인 5월 말에 낙동강으로 올라온다. 비린내를 없애기 위해 막걸리로 씻는 것이 특징인 웅어회는 생산량이 많지 않아 가격도 kg당 4, 5만 원 하는 고가의 생선이다. 밀양에 오면 꼭 먹어야 하는 음식 중 하나다.

당분간 회를 먹을 수 없는 여행자, 입맛만 쩝쩝 다시고 길을 재촉했다. 이발소 간판은 세월을 비켜서 있었고, 오일장이 열리지 않는 시장에는 노인들만 삼삼오오 모여 오후의 지루한 더위를 식히고 있었다.

이날 8km 남짓 걸었다. 삼랑진역에서 철도관사 자리를 둘러보고 송지시장과 삼랑진 성당을 거쳐 오우정과 삼강사비에서 발길을 돌렸다. 다시 상부마을에서 강변 자전거 길을 따라 걷다 송지교회 앞에서 택시를 타고 작원관지로 갔다. 오후 6시 8분, 경부선 기차를 타고 구포에서 내렸다. 비가 쏟아졌다. 소나기였다.

타임 슬립 삼랑진 여행

밀양강과 낙동강이 만나 세 갈래의 물결이 일렁거리는 나루가 있어 붙여진 이름 삼랑진. 물길인 영남대로와 함께 조선 후기까지 낙동강에서 가장 큰 포구 중 하나였다. 그러다 1905년에 삼랑진역이 들어선 후 철도 교통의 요충지가 됐다. 특히 경부선과 경전선이 Y자로 갈라지는 이곳에는 낙동강을 가로지르는 다리가 많은데 다섯 개의 다리가 걸쳐 있다. (신)대구·부산 고속도로가 지나는 낙동대교, 삼랑진교, 구 낙동철교, 구 삼랑진교로 일명 '콰이강의 다리'로 불리는 낙동인도교, 경전선이 지나는 낙동철교가 그것이다.

오우정(좌)과 작원관지(우).

하양·상부·하부 마을에서는 일본식 가옥을 흔히 볼 수 있다. 하부마을에는 후조창 비석들이 모여 있다. 신라시대부터 있었다는 후조창은 조선 영조 대에 이르러 삼랑창을 증설하여 밀양·양산·현풍·창녕·영산·울산·동래 등 인근 7개 군현의 조세를 밀양부사 책임 하에 징수했는데 조운선만 15척에 이르렀다고 한다. 상부마을에 있는 오우정은 민씨 5형제의 효성과 우애, 학문을 기려 세운 것이다. 이들의 스승인 김종직은 이곳 밀양 출신으로 그가 나서 자랐다는 추원재가 부북면에 있다.

작원관지는 예전 밀양이 교통의 요충지였음을 알게 하는 곳이다. 작원잔도鵲院棧道라 불리던 이 길은 수레 한 대가 겨우 지날 정도의 험한 벼랑길이었다. 이러한 지형적 이유로 사람과 물자를 검문했던 관關과 관원들의 숙소인 원院이 있었다. 임진왜란 때는 군관민 700여 명이 고니시 유키나가가 이끄는 왜군 1만 8000여 명을 상대로 결사항전한 곳이기도 하다. 1995년에 이곳에 한남문이라는 성문을 복원하고 전적기념비와 위령비를 세웠다.

화포천따라
대통령의 길을 걷다

진영역 - 봉하마을 - 한림정역

"오늘만 벌써 봉하마을을 일곱 번째 다녀옵니더. 이상하게도 20대 남녀들이 많이 찾아오네예."

진영역에서 택시를 탔더니 기사가 하는 말이다. 오랜만에 다시 찾은 봉하마을. 버스는 1시간 30분 뒤인 낮 1시 40분에 있었다. 점심시간인 데다 일행이 셋이어서 버스비와 크게 차이가 없을 것 같아 택시를 탔다. 역안 매점 아주머니가 택시비가 7000원 정도 나올 거라 했는데 봉하마을에 도착하니 미터기는 7200이라는 숫자를 가리켰다. 진영역이 콜택시의 집합소여서 택시는 손쉽게 탈 수 있었다.

봉하마을 쌀 아이스크림

멀리 사자바위가 보인다. 부엉이바위도 보인다. 얼마 전, 부엉이바위에서 한 청년이 몸을 던졌다고 택시기사가 말했다. 봉하마을은 겉보기에는 큰 변화가 없는 듯했다. 명계남 씨가 운영한다는 마을 입구 식당에 들러 소고기국밥과 비빔밥을 주문했다. 뷔페식 식당에는 노무현 대통령의 사진들이 소박한 액자에 담겨 있다. 노란 현수막들이 바람에 나부낀다. '봉하밥상 봉하쌀가게'라고 적힌 초록색 간판 글씨와 함께 산뜻한 황토색 가게 하나가 눈에 들어온다. '쌀 아이스크림'. 오월인데도 유난히 더운 날씨 때문인지 절로 눈길이 간다. 눈이 내린 듯 소복이 쌓인 하얀 쌀 아이스크림은 입에 대자마자 부드럽게 녹는다. 쌀 특유의 은근히 고소한 맛이 입안에 감돈다. 사르르 녹는 듯 씹히는 맛이 달콤 시원하다. 보성차밭의 녹차 아이스크림처럼 쌀 아이스크림이 이곳 봉하마을의 명물이 될 것 같다. 히트 예감이다. '봉하라이스칩'도 보인다. 맛보기로 내놓은 과자를 하나 집어 들어 입에 넣었더니 바삭한 게 담백하고 맛있다. 5월인데도 더운 날씨 때문에 걷기 힘들겠다. 쌀 아이스크림 하나 입에 물고 전열을 가다듬은 자전거 무리를 바라본다. 마침 봉하마을에서 화포천까지 임시로 노란 자전거를 대여해주고 있었다.

봉화산을 오르다

박석을 깐 묘역은 뙤약볕에 그대로 노출돼 있다. 한낮인데도 참배객들이 줄을 잇는다. 스님 두 분이 앞장서고 뒤이어 아빠와 어린아이가 뒤따른다. 할머니들이 우르르 단체로 몰려오는가 싶더니 몇몇 분이 묘지 앞 방명록에 서툰 글씨로 몇 자 적는다.

봉하마을에서 파는 쌀아이스크림(좌)과 고 노무현 대통령이 1946년 9월 1일에 태어나 8살까지 살았던 생가에 있는 노란 우체통(우).

"대통령님, 반갑습니다."
"대통령, 사랑합니다."

봉화산에 오른다. 부엉이바위를 바라보며 오르는 길, 제일 먼저 마애불에 이른다. 봉화산은 해발 150m 정도의 낮은 산이다. 사방이 탁 트인 정상에는 '호미든 관음보살상'이 있다. 노무현 전 대통령은 "봉화산에 올라가 보지 않고는 봉하마을 방문은 헛일입니다."라고 했다.
봉화산은 야트막한 산임에도 산세가 다양해 오르는 재미가 쏠쏠하다. 발아래로 손바닥만 한 봉하마을 일대가 한눈에 들어오고, 화포천 둑길이 장난감 기찻길처럼 내려다보인다. 가운데로 굽이쳐 흐르는 낙동강을 볼 때마다 손을 뻗어 잡아보고 싶은 충동을 느꼈다는 고인의 말을 아는지 모르는지 강은 오늘도 무심히 흐르고 있다.
뿐만 아니다. 봉화산 구석구석에는 이야기가 깃들어 있다. 김수로왕의 다섯째

고 노무현 대통령이 생을 달리한 부엉이바위는 수리부엉이가
많이 살아서 붙여진 이름이다.

고려시대의 것으로 보이는 봉화산의 '누워 있는 마애불'.

아들이 지었다는 자은암이란 암자 터와 수리부엉이가 많이 살았다고 해서 이름 붙여진 부엉이바위, 원래는 서 있다 언제부턴가 누워버렸다는 마애불, 봉하 들판과 화포천이 한눈에 들어오는 사자바위, 봉화를 올렸던 봉수대, 대통령의 49재를 지내고 위패를 모신 정토원. 이 작은 산에 이처럼 옹골찬 것들이 있다는 게 그저 놀라울 뿐이다.

부엉이바위는 철책으로 온통 둘러쳐 있었다. 땀이 길게 뺨을 타고 흘러내린다. 정토원에서 참배를 하고 사자바위에 올랐다. 발아래로 고인의 묘역과 사저, 생가가 보인다. '사람사는세상'이라 부르던 생태연못도 보인다. 삶과 죽음이 자연의 한 조각이라 했던가. 쨍한 햇빛에 순간 어지럽다. 현기증이 났다.

고인이 부엉이바위에 몸을 던지기 전 언론사 기자들이 진을 치고 감시하던 곳, 사자바위. 기자들이 사저 취재를 위해 상주하던 곳이다. 이곳에서 망원 렌즈 등을 통해 고인과 가족들의 일거수일투족을 감시하듯 촬영했던 그들이 끝내 이해하지 못한 것이 있다. 왜 150m밖에 되지 않는 봉화산을 일러 노 대통령이 '낮지만 높은 산'이라고 했는지 그들은 끝내 알지 못했으리라.

대통령의 길을 걷다

소나무숲길을 따라 약수암으로 내려와 화포천으로 향했다. 들판은 농사철이다. 물을 댄 논에 경운기와 트랙터가 분주히 오간다. 이따금 백로들이 주위를 맴돌며 날갯짓을 한다. 아니 농사의 기쁨에 겨워 춤을 추는가 보다. 들판의 가장자리를 크게 휘돌아가는 둑길이 있다. '북제방길'로도 불리는 둑길은 노무현 대통령과 권양숙 씨가 연애시절 자주 걷던 데이트 코스로 철둑길과 뱀산 아래 논둑길로 이어진다.

땡볕이다. 그래도 바람은 선들선들, 손바닥으로 해를 가리고 화포천으로 걷는다. 멀리 4량짜리 경전선 무궁화호가 느릿하게 지나가더니 뒤이어 나타난 KTX가 커다란 뱀처럼 뱀산 아래로 순식간에 꼬리를 감춘다. 본산배수장을 지나 경전선 철길 굴다리 밑을 통과하자 시원한 바람과 함께 초록의 화포천이 모습을 드러냈다. 길은 포장길과 비포장길이 반복된다. 흙먼지가 폴폴 나는 흙길이 되레 고맙다. 멀리 편백나무 숲길이 화포천을 향해 초록으로 내려오고 있었다.

화포천은 국토해양부가 선정한 '한국의 아름다운 100대 하천' 중의 하나다. 21.2km에 달하는 우리나라 최대의 하천형 습지다. 다양한 물고기와 꽃창포, 버들 같은 습지식물들이 사는 생태의 보고이기도 하다. 쓰레기와 폐수로 황폐했던 이곳은 노무현 대통령이 귀향한 이후 '화포천 살리기'를 통해 다시 태어났다.

버섯처럼 생긴 장방리 갈집

사실 진영역에서 내려 봉하마을을 거쳐 한림정역까지 걸어서 돌아가는 여행일정 중 꼭 가보고 싶은 곳이 장방리 갈집경상남도 문화재자료 제421호이었다. 그러나 손에 쥔 지도에는 한림면으로 나와 있는데 정확히 어딘지는 알 수 없었다. 다른 날을 잡아 따로 찾아야 할지 아니면 한 번 오기 힘드니 다소 무리를 하더라도 오늘 찾아야 할지 갈등하고 있을 때 마침 화포천 주변 안내문에서 갈집영강사이라는 글귀를 발견했다.

철길 아래 굴다리를 건너자 산기슭에 버섯같이 생긴 갈집이 보였다. 절벽 아래에 지어진 영강사라는 절의 요사채로 사용되고 있는 장방리 갈집은 안채·사랑채·아래채로 모두 세 채였다. 주변의 낙동강 갈대로 지붕을 얹은 갈집은 '초막집'으로도 불리는데 예전에는 이 일대를 초막골이라고 불렀다. 이 마을 일대가

화포천에 있는 장방리 갈집은 영강사 요사채로 사용되고 있다.

거의 갈집이었기 때문이다. 1970년대 새마을운동과 더불어 갈집들도 모습을 감추기 시작했다.

갈집은 방 두 칸에 마루 한 칸, 초가삼간이지만 내부는 의외로 넓고 서까래는 튼실했다. 다만 50cm가 넘는 두꺼운 갈대 지붕이 생경했다. 사랑채와 아래채 외벽에는 이곳을 방문한 노 대통령 부부의 사진들이 곳곳에 걸려 있었다.

다시 흙길이다. 화포천은 경전선 철길과 나란히 달린다. 오후의 햇살이 길게 드러눕기 시작했다. 걷다 보니 어느새 습지는 오른쪽 등 뒤로 사라지고 마을의 집들이 하나 둘 보이기 시작했다. 한림정역이 가까워진 것이다. 오후 5시 37분, 마산행 경전선 기차를 타려면 부지런히 걸어야 했다.

봉하마을 대통령의 길

"둑길을 걸어서 화포천까지 갔다가 들판을 한 바퀴 돌아오면 한 시간, 마애불을 거쳐서 봉화대까지 올라갔다가 내려오면 한 시간, 자은골로 걸어서 봉화대, 관음보살상을 거쳐 도둑골로 내려오면 두 시간, 계속 걸어가서 재실 앞 낚시터를 거쳐 화포천까지 갔다 오면 두 시간, 화포천을 지나 뱀산을 돌아오면 세 시간, 이렇게 조금씩 욕심을 부리면, 1박 2일을 해도 모자랄 만큼 코스는 풍부합니다."

— 2008년 3월 6일 노무현.

대통령의 길봉화산숲길은 노 대통령이 예전에 손님이 오면 함께 거닐었던 길이다. 대통령 묘역에서 시작하여 마애불 · 사자바위 · 정토원 · 호미든관음보살상 · 편백나무숲길 · 장방리 갈집 · 화포천 · 본산배수장 · 둑길북제방길 · 약수암 · 생태연못을 거쳐 대통령 추모의 집으로 돌아오는 길이다. 약 5.3km로 두 시간에서 세 시간 정도 소요된다. 호미든관음보살상에서 도둑골로 내려오는 길은 2km 정도로 1시간 남짓 걸린다. 5.7km의 화포천 습지길도 있다. 여행자는 이날 봉하마을 입구에서 출발해 봉화산에 올랐다가 둑길을 따라 화포천을 거쳐 한림정역까지 5km 남짓 걸었다. 느릿느릿 걸어도 두어 시간 남짓 걸렸다.

억새풀마저 아름다운 이곳

창원역

      창원역 맞은편에서 1번 마을버스를 탔다. 차창 너머로 언뜻언뜻 고분이라는 글씨가 보이는가 싶더니 이내 사라진다. 아무리 눈을 흘겨봐도 봉긋한 고분의 모습은 보이지 않는다. 버스는 어느새 주남저수지 정류장에 섰다. 페이스북에 주남저수지 인근 괜찮은 식당을 물었더니 페이스북 친구 중 한 사람이 감자옹심이 '강원도 래요'라는 식당과, 오리백숙을 잘하고 풍경이 멋진 '호수에 그림 하나' 식당을 추천해줬다.

"그 집 억수로 맛있어예. 여기서도 알아주는 집이라예."

입구에서 옥수수며 핫도그 따위를 파는 노점의 아주머니에게 감자옹심이 식당을 물었더니 대뜸 돌아온 답이었다. 그런데 한참을 가도 식당은 보이지 않고 아스팔트길은 오가는 차량으로 소음이 심했다. 다행히 가끔 도로 건너로 보이는 동판저수지의 느긋한 풍경이 위안이 됐다. 그렇게 1km 정도 걸으니 삼거리에 '강원도래요' 식당이 보였다. 주남저수지에서 강원도 지명을 가진 식당과 옹심이라는 음식을 찾는 경상도 사람이 묘하게 어울린다 생각됐다. 식당은 손님으로 넘쳤다. 부산스러운 움직임 끝에 겨우 자리를 잡았다. 이윽고 나온 만두와 옹심이는 입에 척 감겼다.

다호리 고분군

식당을 나오자 아까 버스에서 봤던 다호리 고분군 안내문이 다시 보였다. 람사르를 기념한 비석 무리가 도로가로 열 지어 있고 그 건너로 이곳이 고분군임을 알리는 전망대 같은 구조물이 있었다. 그러나 아무리 봐도 고분은 보이지 않고 잡풀 가득한 늪지와 밭뿐이었다. 이곳이 대체 고분군이 맞기는 맞는 걸까. 하는 수 없이 문화재구역 안으로 들어갔다. 거기에 세운 낡은 안내문을 보고서야 이곳이 그 옛날 선사시대부터 가야시대에 이르는 수많은 고분이 밀집해 있던 다호리 고분군사적 제327호임을 알게 됐다. 지난 1988년 발굴조사에서 목관을 비롯해 철제 농기구·칠기·청동기·철기로 된 생활용품과 무기류 등이 원형대로 출토됐으나 그 후 도로와 과수원으로 변해 지금은 흔적도 없이 사라진 것이다.

도로가 호수를 따라 걸었다. 주남저수지에 비해 유명세는 덜하지만 훨씬 운치가 있는 동판저수지다. 승용차로 가면 동판저수지는 그냥 지나치기 일쑤다. 동판저수지는 홍수 때 주남저수지의 수위를 조절해주는 배수지 역할을 하는 곳으로 주남저수지보다 규모는 작다. 광활하게 펼쳐진 주남저수지와는 달리 굴곡진 호수도 매력적이거니와 물 가운데에 둥둥 떠 있는 버드나무군락은 신비로움을 자아내기에 충분하다. 봄날이면 연둣빛 옷을 입을 버드나무군락은 상상만 해도 마음이 설렌다.

국내 제일의 철새 도래지 주남저수지

예년의 절반밖에 찾지 않았다는 주남저수지의 철새들. 주남저수지의 간판 풍경이었던 수만 마리 가창오리 떼의 집단 비행을 벌써 몇 년째 못 봤다는 이야기도 들린다. 주남저수지에는 언제부터 철새가 날아들었을까, 문득 궁금해졌다.
원래 동양 최대의 철새 도래지라는 명성은 낙동강 하구의 을숙도였다. 민물과 바닷물이 만나 잘 발달된 갯벌과 삼각주가 있어 먹이가 풍부할 뿐만 아니라 시베리아와 호주를 잇는 2만 5000km의 철새 이동로의 중간 기착지로서 손색이 없었기 때문이다. 그러다 1983년 낙동강에 2.4km의 하구언이 가로지르면서 보금자리를 잃게 된 철새들이 새로운 둥지를 튼 곳이 바로 지금의 주남저수지다. 을숙도의 철새들이 대부분 이곳으로 날아들면서 원래 평범한 농업용수 공급지였던 주남저수지가 국내 제일의 철새 도래지로 변하게 된 것이다.
매년 10월 중순부터 찾아오는 철새들은 큰고니·고니 등의 고니류, 큰기러기·쇠기러기 등의 기러기류, 소오리·희비오리 등의 오리류, 왜가리, 두루미 등 수백 종에 이르고 있다. 게다가 가시연·자라풀·어리연꽃·통발 등의 수생식물과 무자치·삵·나비잠자리·각시붕어 등 다양한 생물들의 서식지이기도 하다.

동판저수지는 홍수 때 주남저수지의 수위를 조절해주는 배수지 역할을 하는 곳으로 주남저수지보다 규모는 작다. 광활하게 펼쳐진 주남저수지와는 달리 굴곡진 호수도 매력적이거니와 물 가운데에 둥둥 떠 있는 버드나무군락은 신비로움을 자아내기에 충분하다.

흔적도 없이 사라진 다호리 고분군에는 문화재 안내문만 덩그러니 놓여 있다.

그림 같은 주남저수지 '호수에 그림 하나' 식당 앞 풍경.

주남돌다리

가없이 넓은 주남저수지 끝으로 배수문이 보였다. 주남배수문은 1922년 주남저수지 설치 당시 농사짓는 데 필요한 물을 공급하고 남은 물을 흘러 보내는 통로 역할을 겸하도록 설계됐는데 현재의 배수문은 1976년에 완공됐다.

배수문 한쪽에는 1976년에 세운 비석이 하나 있다. 1969년 9월 14일 대홍수로 물바다가 됐을 때 박정희 전 대통령이 이곳을 시찰해 1970년 10월 30일부터 그해 11월 30일까지 제방 및 배수갑문 공사를 했다는 표지석이다.

이쯤에서 주남돌다리가 보여야 했다. 근데 아무래도 주남돌다리 표지판을 찾을 수 없었다. 제방을 걷는 이들에게 물었더니 한결같이 이곳에 돌다리가 있었나 하는 표정을 지었다. 마침 지나던 마을 주민이 "저 짝 아래."라고 하지 않았다면 한참을 헤맬 뻔했다. 그는 거기에 가도 볼 것은 하나도 없다는 말을 덧붙였다. 나중에 안 사실이지만 안내문은 제방 아래에서 멀찍이 떨어진 길가에 오도카니 서 있었다.

저수지로 떨어지는 일몰이 일품이라는 낙조대 가는 길은 이미 어스름해지기 시작했다. 둑길을 따라 한참을 걸었다. 막바지 겨울, 바람은 여전히 매서웠다. 장갑을 낀 두 손으로 얼굴을 감싸며 고개를 숙인 채 바람을 요령껏 피해 걷고 있는데 아래로 돌다리가 보였다. 높은 제방 때문인지 언뜻 보기엔 작은 규모다. 그러나 가까이 다가갈수록 돌다리는 더욱 큼직하게 다가왔다. 다만 몇 길이나 제방 아래로 푹 꺼진 강에 놓인 돌다리가 지금은 별 소용없겠다는 생각이 문득 들었다.

돌다리로 막 다가서는데 마을 공터에서 사내 서넛이 차에서 우르르 내렸다. 그중 한 사내가 마침 사람이 없으니 우리가 모델이 돼 줄 수도 있다며 너스레를 떨었다. 잘된 일이다. 아무도 없는 다리의 규모를 사진으로 가늠하기는 참으로 어려운 일인데, 이들이 있어 다리는 원래의 구실을 하며 사진으로 그 크기까지 짐작할 수 있게 됐다.

주남돌다리는 창원시 대산면 가술리 주남마을과 동읍 월잠리 판신마을 사이를 흐르는 주천강에 놓인 조선 후기의 돌다리다. 건립 시기와 경위는 정확히 알 수 없지만 다음과 같은 얘기가 전해진다.

옛날 주천강을 사이에 두고 마주한 마을 사람들은 비가 올 때마다 큰 불편을 겪어 동읍 덕산리 정병산에서 돌을 가져다 다리를 세우기로 하고 정병산 봉우리에 올라가서 두 개의 돌을 발견했다. 그중 한 개의 돌을 옮기려고 했으나 꿈쩍도 하지 않았다. 그런데 두 개의 돌을 옮기려고 하자 쉽게 움직여 마침내 돌을 운반해 다리를 만들 수 있었다고 한다.

다른 기록에 따르면 이 두 개의 돌은 일종의 신앙석으로 자웅석이라고 한다. 실제 다리에 걸친 면석을 보면 4m에 달할 정도로 그 크기가 엄청나다. 그 옛날 이 거대한 자연석을 인력으로 끌어다 다리를 놓았다는 사실만으로도 놀라운 일이다. 다리 중간의 면석에는 문양인지 글자인지 알 수 없는 어떤 표식이 있는데 일부가 깨져 무엇을 뜻하는지는 정확히 알 수가 없었다.

다리는 일정한 간격을 둬 양쪽에 돌을 쌓아 교각을 만든 뒤, 그 위로 여러 장의 평평한 돌을 걸쳐 놨다. 예전에는 주천강 사이에 있는 다리라 하여 '새間다리'라 불렀다고도 한다. 주남돌다리는 강을 건너는 사람들의 교통로로 많이 이용됐으나 일제강점기에 다리에서 200m 떨어진 곳에 주남교가 세워지면서 그 기능을 상실했다고 한다. 1967년에 집중호우로 강 중간의 면석 1기와 양쪽의 교각석만 남기고 다리가 붕괴됐는데, 1996년 창원시에서 역사 교육의 장으로 활용하고자

주남돌다리는 작은 규모지만 상판 돌의 크기는 4m에 달할 정도로 엄청나다.

복원해 현재에 이르고 있다. 1996년 3월 11일 경상남도문화재자료 제225호로 지정됐다.

주남돌다리는 람사르문화관에서 둑길을 따라 2km 남짓 걸어야 한다. 얼핏 작은 규모에 실망할 수도 있겠지만 가까이 다가서면 예사 다리가 아닌 주남의 숨은 보물이 아닌가 싶을 정도로 다리의 바윗돌이 제법 옹골차다.

주남저수지 옆 시간여행, '그때 그 시절에'

주남저수지 창원향토자료전시관 '그때 그 시절에'.

주남저수지 입구 수문에서 동판저수지로 이어지는 물길에 놓인 다리를 건너 시멘트 포장길을 따라 잠시 가면 창원향토자료전시관이 나온다. 승용차로 가면 곧장 람사르 문화관이나 생태학습관으로 가게 마련이어서 이곳을 쉽게 놓치곤 한다. 저수지가 한눈에 들어오는 언덕에 자리한 창원향토자료전시관은 2층 건물이다. 입구부터 옛 추억 물씬 풍기는 자료관에 들어서자마자 색소폰 소리가 들려온다. 전시관을 쭉 돌고 나면 누구든 '그때 그 시절에는'이라는 말이 절로 나온다. 손가락을 끼워 번호를 돌렸던 검은 다이얼 전화기, 큼지막해서 '무전기', '벽돌'로 불렸던 초창기 휴대전화, 사춘기 시절 한번쯤 탐독했을 〈선데이 서울〉, 아날로그 카세트와 전축, 카메라, 선풍적인 인기를 끌었던 삐삐…… 기억도 가물가물한 옛 추억들이 진열장을 가득 채우고 있다. 300㎡의 아담한 공간에 마련된 이곳은 향토사학자 양혜광 씨가 제안해 2009년 건립됐다. 오전 9시 30분부터 오후 5시 30분까지 연중무휴 무료 개방.

주남저수지 탐방 코스

주남저수지에는 철새만 있는 것이 아니다. 다호리 고분군, 주남돌다리 등을 비롯해 수령 700여 년이 된 천연기념물 제164호 신방리 엄나무도 있다. 인근 덕산역도 둘러볼 일이다. 주남저수지에는 여러 가지 탐방코스가 있다. 여행자는 다호리고분군에서 동판저수지를 지나 창원향토자료전시관·람사르 문화관·생태학습관을 거쳐 탐방로를 따라 낙조대에 들렀다 주남돌다리에서 발길을 돌려 버스정류장으로 돌아왔다. 대략 6km 남짓 걸은 셈이다. 람사르 문화관과 생태학습관은 꼭 들러볼 만한 곳이다.

람사르 문화관.

빈 점포 가득했던 골목길의 화려한 변신

마산역

여기에 길 하나가 있다. 이른바 '추억의 골목길'이다. 연탄재 내놓고 이웃 간 불을 빌리기도 하고, 마당이 좁아 아이들의 놀이터가 되었던 곳. 불과 20여 년 전만 해도 서울의 명동이 부럽지 않았다는 곳. 빈 점포가 하나 둘 늘어가다 도시 한가운데가 섬처럼 비어버린 곳. 그곳에 다시 사람들이 찾아들었다. 저마다 손에는 붓하며, 칼하며, 망치하며, 흙하며, 정 등을 들고 골목으로 모여들었다. 그랬더니 골목의 빈 점포에는 하나둘 사람의 온기가 담겼고 그 온기를 따라 아이, 연인, 청소년, 중년부부, 노인 들이 찾아들었다.

골목길 예술가들

그곳은 남쪽의 어느 바닷가, 바다 없는 도시의 외진 골목 이야기다. 사람들은 이곳을 일러 '마산 창동'이라 한다. 그 옛날 한양으로 세곡을 실어 나르던 조창이 있어 붙여진 이름이다.

창동은 창원시 마산합포구구 마산시에 있다. 250여 년의 창동 쪽샘골목 빈 점포 일대를 창원시는 최근에 사업비 20억 원을 들여 예술인촌으로 조성했다. 광장을 만들고 전선을 지중화하여 골목을 새롭게 디자인했다. 예술인들을 위해 임대료도 지원했다. 지금까지 50개 점포가 입주를 완료했다. 빈 점포에 새로운 생기를 불어 넣는 이 사업은 문화예술을 통한 마산 원도심 재생사업의 일환으로 추진되었다.

파리의 대표적인 명소가 몽마르트르 언덕이다. 꼬불꼬불한 골목길과 파리 시내를 한눈에 내려다 볼 수 있다는 그곳. 예전의 보헤미안적인 느낌을 잃고 상업적인 면만 남았다는 악평을 받기도 하지만 몽마르트르는 여전히 수많은 예술작품의 본거지로서 그 명성을 잃지 않고 있다. 화가 고흐와 그의 동생 테오, 시인 차라, 작곡가 비제 등이 살았던 집과 사크레쾨르 성당, 스탕달·드가·졸라 등의 묘지가 있는 몽마르트르는 오늘도 관광객들의 발길이 끊이지 않는다.

이틀에 걸쳐 창동예술촌 일대를 둘러보면서 문득 몽마르트르를 떠올렸다. 굳이 몽마르트르를 생각한 이유는 우리나라에도 잘만 하면 이에 못지않은 명소가 생길 수 있다는 막연한 기대감에서다. 오랜 역사를 자랑하는 몽마르트르가 상업성으로 외면 받았던 것을 거울삼아 진정 꿈과 예술과 낭만이 넘치는 골목길로 이곳 창동을 가꾸어 나간다면 나중에는 몽마르트르에 비교되는 것조차 싱거울 수 있지 않을까.

무한한 가능성이 있다. 세계적인 조각가 문신, 최승희에게 사사한 무용가 김해

골목길의 대변신으로 사람 없는 골목에서 아이들이 뛰어노는 골목으로 바뀌었다. 박경식 서각 명장(위)과 조정우 조각가(아래).

랑, 시인 이선관, 화가 최영림, 시인 구상, 카프의 소설가 임화, 시인 천상병 등 이름만 들어도 알 수 있는 이들이 이곳에서 태어났거나 이곳을 거쳐 갔다. 문화적 자양분이 충분하다. 게다가 미로 같은 골목길이 주는 정감과 현재 이 골목에서 꿈과 소망을 가지고 예술혼을 불태우고 있는 수많은 예술가들, 앞으로 조성될 오동동 문화광장, 불종거리에서부터 해안수변공원까지 차 없는 거리가 만들어진다면 더욱 기대가 커진다.

창동예술촌에 입주한 예술가들의 작업실을 찾았다. 2012년 현재 이곳에는 모두 50여 개의 입촌 작가들 작업실이 있는데, 여행자는 평소 관심 있었던 도예 분야의 예술가들을 찾기로 했다. 사진발이 좋은 조각가 조정우, 거리에서 도자 시연을 벌인 도예가 남치성, 보리를 주제로 작품 활동을 하고 있는 도예가 김은진, 흙으로 모든 걸 표현하는 토우 예술가 박영경, 서각에 영혼을 담는 명장 박경식, 고서책방을 운영하는 김영철 씨……. 이들을 만나 오후를 다 보냈다.

호텔과 바다 사이의 칙칙한 도로를 따라 아주머니 한 분이 바삐 걸음을 옮겼다. 손수레를 끌며 내딛는 발걸음에 강한 생명력이 느껴졌다. 그제야 정신이 번쩍 들었다. 여행자의 한낱 푸념은 삶이라는 깊은 생존에 비할 바가 아니었다. 풍경 탓을 접고 저 생동감 있는 삶의 현장으로 뛰어들어야 했다.

창동예술촌은 마산예술흔적 골목, 에꼴드창동 골목, 문신예술흔적 골목으로 되어 있다. 모두 50여 개의 점포에서 예술가들이 그들의 혼을 불태우고 있다. 그날 밤 배달래 작가의 바디페인팅을 본 후 마산의 명물 통술거리로 가서 여독을 달랬다.

바다가 없는 해양도시 마산의 아침

마산의 아침이 밝아왔다. 바다와 맞붙은 관광호텔이라 전망이 좋았다. 바닷가라면 으레 짠 갯내음이 풍겨올 줄 알았는데 새벽 바닷바람만 발코니를 스쳐간다. 마산, 참 익숙하면서도 낯선 도시다. 해양도시이면서도 바다가 없다. 산업화와 발전을 택하는 대신 바다와 낭만을 송두리째 빼앗긴 도시.

하얀 백사장과 갯벌은 먼 나라의 이야기이고, 잿빛 콘크리트 건물과 육중한 철골물이 시야를 채운다. 그래서일까? 바다인데도 전혀 바다 냄새가 나지 않는다. 얼핏 보면 잔잔한 호수 같고 어찌 보면 거대한 댐 공사를 하는 듯한 착각에 빠져들게 한다. 슬픈 도시다.

갈매기 떼가 마침 호텔 앞 바다를 유영하지 않았다면, 파도소리가 제때에 나지 않았다면, 여행자의 망상은 끝이 없었겠다. 희뿌옇게 날이 밝아오자 건너편 공장에서도 회색빛 연기를 공중으로 날려 보냈다.

호텔과 바다 사이의 칙칙한 도로를 따라 아주머니 한 분이 바삐 걸음을 옮겼다. 손수레를 끌며 내딛는 발걸음에 강한 생명력이 느껴졌다. 그제야 정신이 번쩍 들었다. 여행자의 한낱 푸념은 삶이라는 깊은 생존에 비할 바가 아니었다. 풍경 탓을 접고 저 생동감 있는 삶의 현장으로 뛰어들어야 했다.

부두는 분주해졌다. 어선에도 통통통 시동이 걸리고 화물선이 쉴 새 없이 부두

피곤을 매단 고무장갑들 위로 강한 아침 햇살이 내리쬔다.

를 드나들었다. 멀리 마창대교가 안개 너머로 어렴풋이 보였다. 어둠 속에 침잠해 있던 바다가 점차 활기를 띠기 시작했다. 피곤을 매단 채 널려 있던 고무장갑에도 강한 아침햇살이 내리쬐었다. 얼음공장에서는 쉴 새 없이 얼음이 쏟아졌다. 어선이며, 시장이며, 가정이며, 공장으로 갈 얼음을 차에 싣는 작업이 한창이다. 탑처럼 높이 쌓인 생선을 담는 나무상자는 짠 바닷물과 고된 못질, 비린 생선에 오늘도 절어 있다.

자갈치보다 몇 배나 큰 250년 역사 마산어시장

어시장에 이르자 아귀찜 거리를 알리는 간판이 눈에 띤다. 아귀찜은 옛 마산시 오동동에서 갯장어 식당을 하던 일명 '혹부리 할머니'가 어부들이 가져온 아귀에 된장, 고추장, 마늘, 콩나물, 파 등을 섞어 쪄서 만든 것이 시초라고 알려져 있다. 현재 이곳 오동동 사거리에서 어시장을 따라 20여 개 업소가 영업하고 있다. 마산어시장은 생각보다 굉장했다. 그냥 그저 그런 규모이겠거니 여겼는데 끝간 데 없이 넓고 점포들이 다양했다. 게다가 어시장이라는 이름답게 거의 대부분 해산물을 취급하고 있었다. 눈으로 보기에도 그 규모는 부산의 자갈치시장보다 몇 배에 달했다. 실제 자갈치시장의 면적이 7243m^2에 480여 개의 점포가 있는데 비해 마산어시장은 19만m^2에 약 2000여 개의 점포를 형성하고 있다. 그중 고정 점포가 1300여 개, 노점이 700여 개라고 한다. 하루 이용객도 3~5만 명 정도라고 하니 정말 대단하다.

그뿐만이 아니다. 마산어시장은 그 역사가 자그마치 250여 년에 달한다. 1760년영조36에 이곳에 조창이 설치되면서 자연발생적으로 시장이 형성된 것이 시초이다. 마산창이 설치되고 창원부사가 조창에 관원과 조군을 배치하여 선창 주변

마산어시장 안의 돼지골목엔 윤기가 자르르 흐르는 족발이 산처럼 쌓여 있다.

에 마을이 하나둘 들어서면서 시장의 모습을 갖추기 시작했다. 당시 마산장에는 어민들이 어획한 각종 수산물을 비롯하여 농산물, 옷감, 유기그릇 등이 거래되었다고 전해진다. 순조 때 편찬된 《만기요람萬機要覽》에 마산포의 객주가 130호나 됐다는 기록이 있을 정도로 당시에도 시장이 상당히 번창했던 것으로 보인다. 1899년 마산포가 개항되고 외국의 공산품까지 들어오면서 마산 경제를 지탱하는 한 축이 됐다.

역사를 보면 1809년 창원현 마산포장, 1907년 창원부 마산시장, 1912년 구 마산시장, 1938년 마산어시장에 이른다. 처음엔 창동과 남성동 일부에 걸쳐 조창을 중심으로 시장이 형성되었다가 1911~1914년 마산만 매립으로 남성동과 동성동 일대로 확대됐다. 그 후 1985~1993년에 또 한 번의 매립으로 오동동, 남성동, 동성동, 신포동 2가 일대까지 시장이 확대됐다고 한다.

이곳이 어시장인 만큼 횟집골목의 회는 단연 인기다. 회를 싸게 판다는 상인들과 횟감을 사려는 사람들로 시장은 북새통이다. 가을이면 전어축제가 이곳에서 열릴 만큼 전어는 마산어시장의 명물이자 캐릭터이기도 하다. 이외에도 진동 산産 생선을 맛볼 수 있다는 진동골목, 젓갈골목, 건어물골목 등 각종 해산물을 파는 다양한 골목이 있다.

마산어시장 돼지골목

근데 이곳에서 특이한 풍경을 만났다. 시장 입구에 세워진 아치형의 대형 간판에 '마산 어시장 돼지골목'이라고 쓰여 있는 게 아닌가. 어시장에 웬 돼지골목? 그 의문은 얼마 지나지 않아 풀렸다. 시장에 들어서자마자 좌우로 좌판에 산더미같이 족발이 쌓여 있었다. 진풍경이었다. 멀리서 보니 그 불그스름한 빛이 유독 눈에 띄면서 윤기가 자르르 흐르는 것이 여간 맛있어 보이지 않았다. 이 장관을 보면 누구든 걸음을 멈출 수밖에 없겠다. 족발을 파는 아주머니들도 인상이 퍽이나 푸짐했다. 그 넉넉한 웃음에 나도 모르게 빙그레 미소를 지었다.

마산에서의 1박 2일. 정작 바다에선 바다를 느낄 수 없었지만 마산어시장에서 여행자는 마산의 바다를 보았다.

'3·15의거와 부마항쟁'의 산실, 창동·오동동 근현대사 마산골목길 탐방

창동에는 1907년에 세워진 마산민의소가 있고, 한국전쟁 당시 학살의 피비린내를 비켜가지 못한 옛 시민극장, 1955년에 처음 문을 열어 지금은 2대 사장인 강임석 씨가 운영하고 있는 마산에서 제일 오래되었다는 서점 학문당, 마산 최초의 레코드 가게였던 명곡사 등이 있다. 또 4·19혁명의 도화선이 된 3·15의거와 1979년 부마항쟁의 현장인 창동 네거리도 지나게 된다. 비석 하나만 덩그러니 남은 1760년 당시 8동 53칸의 건물이었던 마산창(倉), 초대 마산부윤(市長)을 지낸 옥기환 선생과 해방 후 건국준비위원회에 참여한 명도석 선생이 마산 최초로 설립한 회사 원동무역, 최근 결국 헐려버린 삼광청주, 1987년도에 생겨 당시 도서관 진보 운동을 했던 인간도서관 책사랑 건물, 마산 최초의 의사 김형철 씨가 1918년에 세운 옛 삼성병원 터, 1965년까지 마산시외버스터미널이 있었던 자리, 마산형무소 터 등도 만난다.

한 시절 국민애창곡 '오동동 타령'의 무대가 바로 오동동이다. 지금도 이곳엔 유흥시설이 많은데, 1990년대까지만 해도 이 일대는 룸살롱이 즐비했고 불야성의 거리였단다. 세계적인 조각가 문신도 요정을 드나들었다고 하니 당시 요정은 문인과 예술인들의 사랑방 역할을 톡톡히 했던 모양이다. 일종의 살롱이었던 셈이다.

뿐만 아니라 오동동은 아귀찜과 통술로도 유명하다. 통술은 진주의 실비, 통영의 다찌와 더불어 경남의 3대 술 문화로 특징짓는다. 술만 시키면 갖은 안주가 무한정 나오는 경남 특유의 술집이다. 오동동 통술 문화골목에선 세월의 흔적이 고스란히 묻어 있는 공공미술을 엿볼 수 있다.

인천·군산·목포 등에 남아 있는 근대유산들이 그 도시들의 유산과 관광자원으로 적극 활용되는 반면, 도시 변화가 급격했던 마산에선 그 흔적조차 찾아볼 수 없다는 게 조금은 아쉽고 애통한 일이다. 마산골목길 탐방은 지역사학자인 박영주 씨 도움을 받아 함께 했다.

위에서부터 차례로 오동동 3·15의거 발원지 조형물, 오동동 거리, 마산의 명물 아귀찜거리.

> **PLUS** 사진으로 보는 마산선의 역사

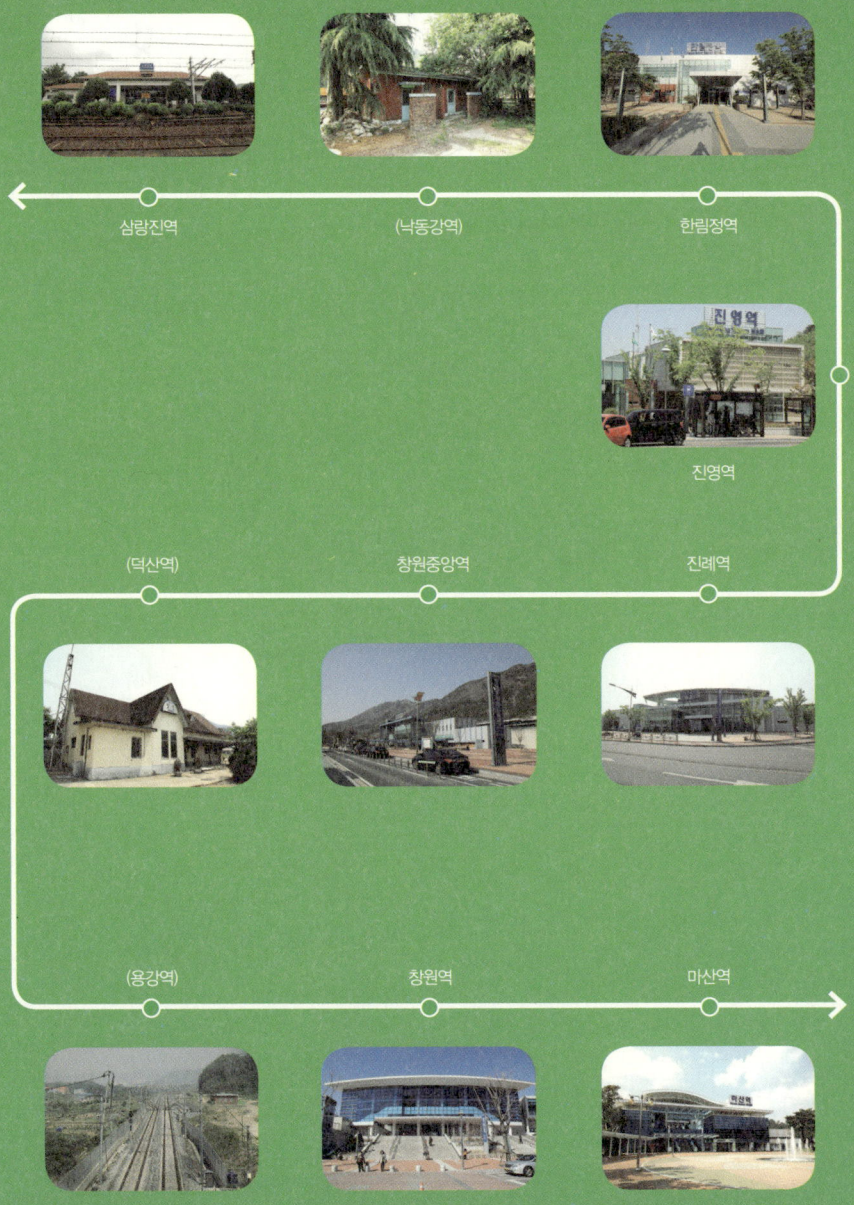

진주선 1925

단출한 암자. 보살님이 커피를 권했다. 나지막한 목소리로 이따금 몇 마디를 주고받고는 어색한 침묵이 흘렀다. 시퍼런 하늘과, 갓 봄물이 오르기 시작한 산자락과, 툇마루에 길게 늘어진 햇살과, 지루하리만치 따분한 봄의 시간이 느긋하게 침묵 속으로 흘러가고 있었다.

가운데에 기찻길이, 시끌벅적 가야시장

함안역

갑자기 기차 안이 소란스러워졌다. 역무원이 큰소리로 외쳤다.

"하동 가는 기차인 줄 알고 타신 할머님들, 어디 계세요. 이 기차는 마산 가는 기차입니다. 어서 내리세요."

뒷자리에서 구시렁거리는 소리가 나더니 할머니 서너 분이 황급히 자리에서 일어나 기차를 빠져나갔다. 하필 상하행선이 같은 시간에 승강장으로 들어오는 바람에 일어난 촌극이었다. 기차는 다시 선로를 미끄러지듯 달리기 시작했다.

옥신각신, 왁자지껄 활기찬 가야시장

낮 12시 41분, 1시간여를 달린 끝에 함안역에 도착했다. 역사는 한산했고 타고내리는 승객들도 거의 없었다. 역 앞 식당에서 돌솥밥 한 그릇을 먹고 시장으로 향했다. 뜻밖에도 시장 이름이 함안시장이 아니라 가야시장이었다. 흔히 'ㅇㅇ군'의 소재지 하면 군이름과 같은 'ㅇㅇ읍'이지만, 엉뚱하게도 함안군에는 함안면이 따로 있고 소재지는 가야읍이다. 함안은 군과 소재지 이름이 같지 않은 보기 드문 지역이다.

가야시장은 매일 장이 서는 상설시장이기도 하지만 5일과 10일에 열리는 오일장이기도 하다. 금방이라도 비가 쏟아질 것 같은 날씨 때문인지 시장 초입은 의외로 한산했다. 그런데 시장 안으로 들어설수록 붐볐다.

"오늘은 장이 영 신통치 않아. 사람들도 별로 없고. 보통 때 같으면 손이 쉴 틈이 없지."

장사가 잘되는지를 묻는 여행자의 말에 물건을 매만지던 한 아주머니가 볼멘소리로 말했다. 그래도 여행자의 눈에는 시장이 활기차 보였다. 특이한 것은 시장의 한복판을 기찻길이 지나가고 그 양옆으로 장이 길게 늘어섰다는 점이다. 시장의 이쪽과 저쪽을 오가려면 기찻길 아래로 뚫린 굴다리를 통과해야 했다.

함안 하면 제일로 치는 게 곶감이다. 파수곶감으로 대변되는 함안곶감은 예전에는 나랏님께 진상까지 했을 정도로 유명세를 떨쳤다. 근래에는 곶감과 더불어 수박이 함안의 명물이 되었다. 원님 덕에 나팔 부는 격으로 참외도 덩달아 유명해졌다. 오늘은 수박만 겨우 몇 덩이 보일 뿐 시장의 나머지 주인공들은 볼 수 없었다.

마늘 한 접을 두고 실랑이를 벌이는 할머니들, 함안의 명물 수박은 몇 덩이를 겨우 볼 수 있었다.

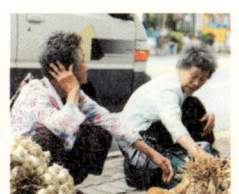

철로변을 따라 형성된 시장 모퉁이는 노점상들의 차지다. 시장 안쪽과는 달리 이곳은 손님들이 뜸했다. 장사꾼들은 채소를 다듬는 등 소일을 하며 손님을 기다렸다.

"아까는 오천 원이라 하더니만. 인자 와 더 비싸게 말하노."

마늘을 사려는 할머니가 언성을 높였다.

"내가 언제 그랬소. 그런 말은 한 적도 없는디……."

할머니 두 분이 마늘 한 접을 두고 실랑이를 벌였다. 한참을 옥신각신하더니 흥정을 하던 할머니는 자리를 떴고, 마늘을 팔던 할머니는 길게 한숨을 내쉬었다. 할머니는 지친 기색이 역력했다. 가로수에 기대어 잠시 쉬는가 싶더니 이내 허리를 곧추 세워 장사를 시작했다.

회상의 아라가야

가야시장을 빠져나와 고분군으로 향했다. 가야읍의 군청 뒤편을 오르면 아라고분군이 나온다. 봉긋봉긋 솟은 고분들은 어찌 보면 조촐해 보이지만 한편으론 풍요롭다는 생각이 든다. 전망이 꽤 뛰어난 이곳에 오르면 제일 먼저 3·1독립운동기념탑과 마주치게 된다.

경남에서 3·1운동이 제일 먼저 일어났던 곳이 함안군 칠북면 연개장터다. 약 5000여 명의 군중이 참여해 21명이 숨질 만큼 치열했던 군북·함안 등의 독립

사적 제515호로 지정된 함안 말이산 고분군은 현재 세계문화유산 등재를 추진 중이다.

운동 정신을 계승하기 위해 1967년 12월 이곳에 기념탑을 건립했다. 일제시대에는 '마산형무소는 함안사람의 재실'이라는 말이 생겨날 정도로 함안의 독립운동은 그 어느 지역보다 치열했다.

3·1운동 기념탑 바로 뒤로 고분이 이어진다. 이곳의 고분군은 사적 제84호인 말산리고분군과 제85호인 도항리고분군으로 나눠 불리다 2011년 7월 28일에 해제되어 사적 제515호인 '함안 말이산 고분군'으로 새로 태어났다. 말이산末伊山은 말산末山으로도 불리는데, 끝 말末은 사실 우리말 머리를 한자로 적은 것이다. 가야의 역대 왕들이 묻혔던 우두머리의 산, 즉 왕의 무덤이 있는 머리산이라 할 수 있다. 말이산 고분군은 현재 유네스코 세계문화유산 등재를 추진 중이다.

이 일대에서 가장 큰 고분은 3·1운동 기념탑 바로 뒤에 있는 고분이다. 봉토의 높이가 10m, 밑지름이 43m 정도에 달한다. 이곳에 올라 고분을 둘러싼 주변 지형을 한 바퀴 빙 둘러보면 이 정도면 작은 부족국가 하나쯤은 경영할 만한 도읍이 아닌가 여겨진다.

아라가야. 그 이름만 들어도 예쁘고 아련하다. 무한한 상상력을 불러일으킨다. 문헌상 기록돼 있는 '안야국'이나 '안라국'이라는 이름이 맞다고들 하지만 입에 착 달라붙는 말은 아무래도 아라가야다.

4호분 옆 언덕에는 조금은 색다른 소나무 한 그루가 서 있다. 얼핏 보면 병이 들어 누렇게 변한 걸로 보이지만 실은 잎의 끝자락만 황금색인 소나무다. '황금교송黃金絞松' 또는 '금송'으로 불리는 이 소나무는 솔잎 끝부분의 1cm 정도만 황금색이고 나머지는 녹색이다. 경북 울진지방에 이어 두 번째로 발견된 희귀한 소나무다.

무덤 사이로 산책로가 나 있다. 멈춘 고대의 시간 사이로 현재의 시간이 흐르고 있다. 오늘에 지친 이들이 과거의 언덕에 잠시 몸을 비벼 지금 살아야 될 이유를 찾는 길이기도 하다.

700년 동안 잠들었다 다시 핀 아라홍련

고분의 내부를 보기 위해선 박물관으로 가야 한다. 고분에서 내려다보면 박물관이 코 앞이다. 함안박물관 입구 작은 연못에는 700년 전의 연꽃이 피어 있다. 그 중에서 검은 대형 화분에 핀 연꽃만 아라홍련이라고 한다. 아라홍련을 더 많이 보려면 박물관을 나와 주차장 끝에 있는 화장실 옆 시배지로 가면 된다.

박물관 측에 의하면 2009년 국립가야문화재연구소가 성산산성을 발굴하던 중 연 씨 15알을 수습했는데 농업기술센터에선 5알 중 2알을 발아에 성공했고, 박물관에선 3알 중 1알을 발아시켜 싹을 틔웠으며 2010년 첫 꽃이 피었다고 했다.

함안박물관 앞 아라홍련 시배지는 철조망을 둘러 보호하고 있다.

농업기술센터는 그중 두 알을 한국지질자원연구원에 방사선탄소 연대측정을 의뢰했는데 그 결과 연 씨 한 알은 760년 전 고려 중기1160~1300의 것으로, 나머지 한 알은 650년 전 고려 후기1270~1410의 것으로 나왔다. 이후 아라홍련은 통상 700년 전 고려시대의 연으로 불리고 있다.

놀라운 일이다. 연구결과는 연 씨의 생명력을 약 1만 년으로 보고 있다. 보통의 연 씨가 발아율이 100%에 가깝다면 아라홍련의 연 씨 발아율은 33~40% 정도였다. 그렇다손 치더라도 땅속 깊이 잠들어 있다 무려 700여 년의 세월이 흐른 뒤에 다시 꽃을 피웠다는 건 그 자체로 기적이고 경이로운 일이다.

아파트 공사 현장서 발견된 말갑옷

박물관은 덥고 습했다. 더위를 피해 안으로 들어왔지만 정작 실내가 더 더웠다. 에너지 절약 시책에 따른 것이라 어쩔 도리가 없단다. 흐르는 땀을 연신 닦아내야만 했다. 1층에는 아예 에어컨이 작동되지 않았다. 2층 전시실에도 한쪽 구석에 있는 에어컨 한 대가 전부인 모양, 힘겹게 돌아가고 있었다. 박물관의 입장료가 500원이니 이마저 감사해야 했다.

박물관 내의 유물은 선사시대부터 근대까지 다양하지만, 가야 유물이 중심을 이룬다. 제일 눈길을 끈 건 말이산 고분군 북쪽 능선의 아파트 공사 현장에서 우연히 발견된 말갑옷이었다. 철기 가야 기마병의 당당한 모습이 오버랩된다.

또 다른 것은 목간木簡과 토기류다. 성산산성에서 발굴된 목간은 약 280여 점으로 국내에서 가장 많은 양인 동시에 가장 오래된 것으로 평가되고 있다. 백제와 신라, 바다 건너 왜까지 활발한 교류를 했다는 가야. 일본 열도 각지에서도 함안 토기가 출토되고 있다는 건 의미심장한 일이다. 그 다양하고 아름다운 무늬에

함안박물관은 가야시대의 유물이 주축을 이루며 그 외 다양한 유물이 전시되고 있다.

몇 번이나 들여다보았다.

관람이 거의 끝날 즈음 옛 농장을 재현한 디오라마가 시선을 끌었다. 이른바 '함안농장 분규사건'이다. 함안농장은 일제강점기 식량증산이라는 이름으로 개간한 가야·산인·대산·법수 일대의 경작지를 말한다. 해방 후 함안농장은 당시 영남의 거부였던 하아무개 씨의 소유가 되었는데, 해방 직후 당시 농토를 농민에게 무상 분배한다는 소문에 하씨는 서둘러 농민에게 원가로 분매하였다.

그 후 토지정책이 변화하고 물가가 오르자 하씨는 농민들이 가지고 있던 계약서를 빼앗고 그 땅을 다시 새로운 소작인들을 시켜 농사를 짓게 하였다. 이에 격분한 농민들이 1947년 8월 가야읍 축암마을 벌판에서 땅을 지키기 위한 분규를 일으켜 땅을 되찾았는데, 이 사건이 일명 '함안농장 분규사건'이다.

박물관을 나왔다. 여전히 푹푹 찌는 날씨였다. 시장으로 돌아오니 갑자기 철로 주위가 부산했다. 호루라기 소리가 요란해지고, 경찰과 역무원들이 바삐 움직이며 사방으로 손짓을 하자 사람들은 늘 겪는 일상인 듯 순식간에 철로 주위를 벗어났다. 잠시 후, 부아~앙하며 기적소리가 들려왔다. 거친 쇳소리를 내며 기차가 달려왔고, 거센 바람에 몸이 잠시 뒤뚱거렸다. 태풍처럼 바람을 몰고 눈앞을 지나간 기차는 희미한 꼬리만 남긴 채 점점 멀어져갔다. 건널목은 다시 사람들로 북적거렸다.

※함안역은 2012년 10월 23일 새로운 역사로 옮겼다. 이 글은 옛 함안역에서의 여행기다.

함안의 정자 탐방

악양루(좌)와 무진정(우).

우리나라에서 정자 하면 으레 전남의 담양과 경남의 함양을 떠올린다. 그에 버금가는 곳으로 전라도에는 화순, 경상도에는 함안이 있다. 함안에는 낙동강으로 합류하는 남강을 따라 합강정, 반구정, 광심정, 와룡정, 악양루 등 수많은 정자들이 있다. 그중 둑방길 건너 벼랑 끝에 있는 악양루 풍경이 제일이다.

함안역에서 걸어서도 갈 수 있는 가까운 곳에 무진정이 있다. 새 함안역에서 가야읍 방면으로 67번 도로를 따라 가다보면 왕버들나무가 우거진 큰 연못을 만나게 된다. 한 폭의 그림이 따로 없는 무진정은 생육신의 한 사람인 어계 조려의 손자인 조삼 선생의 덕을 추모하기 위해 1567년명종 22에 후손들이 건립한 정자로, 그의 이름을 따 무진정이라 했다. 해마다 5월 초파일, 밤이 이슥해지면 이곳에서는 그 유명한 낙화놀이가 벌어진다.

무진정에서 다리를 건너면 바로 대산리석조삼존상보물제71호이 있다. 마을 가운데에 석불이 있는 것도 기이하거니와 마을 당산나무와 묘한 조화를 이루고 있어 불상이 아닌 마을의 돌장승처럼 친근하다.

우리나라 3대 전통 정원이라 하면 담양의 소쇄원, 보길도의 부용동 정원, 영양의 서석지를 일컫는다. 이들 못지 않게 경남에도 지극히 아름다운 전통 정원이 하나 있는데, 바로 함안 땅에 있는 '무기연당중요민속자료 제208호'이다. 무기연당은 함안군 칠원면 무기리 주씨 고가에 있다. 원북면의 채미정도 지나는 길에 한번쯤 들를 만한 곳이다.

무기연당(좌)과 대산리석조삼존상(가운데)
채미정(우).

봄날의 빨래터,
할머니 입담에
봄이 성큼성큼

군북역

"거기가 어딘데 걸어가요? 택시 타고 가도 겁나게 가팔라요."

암자 가는 길을 묻자 역에서 만난 시골 할머니는 그 무슨 어림없는 소리냐며 손사래를 쳤다. 원효암에 다닌다는 할머니는 버스도 하루에 서너 번밖에 없는 데다 그마저도 절 아래 마을에서 내려 한참을 걸어가야 된다고 했다. 일단 군북오일장을 둘러보고 암자로 갈 것인지를 결정하기로 했다.

큰 부자 세 명이 난다는 솥바위의 전설

오일장이 열리는 면 소재지로 가려는데 오른쪽 들판 너머로 고랫등 같은 기와집 몇 채가 보였다. 그냥 지나치려다 마을 곳곳에서 예스러운 재실과 토담 들이 더러 보여 예사 동네는 아니겠다 싶어 기와집으로 향했다.

혹시나 싶어 스마트폰으로 검색을 해보니 효성그룹 창업주인 조홍제 회장의 생가가 이곳 일대에 있는 걸로 나왔다. 논 한가운데에 있는 기와집은 뒤쪽으로는 탱자 울타리를 둘렀고, 앞쪽으로는 흙돌담을 높이 쌓았다. 다행히도 탱자 울타리 한쪽이 뚫려 있어 집안으로 드나들 수 있었다. 짐작대로 조홍제 생가였다. 함안의 대지주 집답게 규모가 상당했다.

이곳과 가까운 의령 정암진에 가면 남강변 강물에 둥실 떠 있는 '솥바위^{鼎岩}'가 있다. 솥 모양의 바위 물밑으론 솥다리처럼 세 개의 발이 받치고 있는데 그 발이 가리키는 쪽 주변 20리 내에서 큰 부자 세 명이 난다는 전설이 전해진다. 조선 말 어느 도인이 솥바위에 앉아 예언했다는 것인데 공교롭게도 우리나라를 대표하는 재벌 창업주 세 명이 솥바위 인근에서 태어났다.

의령군 정곡면 중교리에 있는 이병철 생가는 솥바위로부터 8㎞ 북쪽에, 진주시 지수면 승산리에 있는 구인회 생가는 7㎞ 남쪽에, 함안군 군북면 동촌리에 있는 조홍제 생가는 5㎞ 동남쪽에 있어 예언처럼 솥바위에서 반경 20리 내에 모두 위치하고 있다. 예언이 현실로 된 것이다. 흥미로운 것은 솥바위를 풍수지리에서는 별자리로 보는데, 공교롭게도 삼성^{三星}, 금성^{金星}, LG·GS그룹의 옛 이름 효성^{曉星} 등 이들이 세운 기업 이름에 모두 별^星 이름이 들어간다는 것이다.

생가는 재실로 쓰이는 듯 사람의 온기라곤 느낄 수 없이 문이 굳게 닫혀 있었다. 한번 휭하니 둘러보고 걸음을 옮겼다. 마을에선 효성그룹의 흔적들이 곳곳에 남아 있었는데, 마을 회관에는 효성 창원공장과 자매결연을 하고 있다는 표지석이 있었다.

집 마당에 있는 고인돌
신창슈퍼 앞을 막 지났을 때였다. 주택가 담장에 바짝 붙어 세워져 있는 트럭 옆으로 조금은 낡은 안내문 하나가 서 있었다. 무슨 안내문인가 싶어 자세히 들여다보니 고인돌이 있다는 안내문이었다. 그것도 수십 기가 말이다. 아무리 둘러봐도 휑한 거리에다 길 양쪽으로는 집들밖에 없는데 대체 어디에 고인돌이 있단 말인가. 혹시나 싶어 굳게 잠긴 대문 문살 너머로 고개를 내밀었다. 순간 나도 모르게 흠칫 놀라고 말았다. 마당 한 구석에 어른 서너 명은 족히 둘러앉을 만한 평평한 너럭바위가 있는 게 아닌가.

다시 찬찬히 살펴도 분명 고인돌이다. 어째서 집 마당 가운데에 고인돌이 있는 걸까. 예전 전라도 부안에 갔을 때 고인돌이 집 마당에 있어 주민들이 평상처럼 사용하는 것을 본 적도 있다. 물론 지금은 민가는 철거되고 공원으로 말쑥하게 단장되어 있지만 말이다. 이곳 역시 마당 한쪽 이웃집 벽에 바짝 붙은 나무 아래에 고인돌이 있었다. 산 사람은 바위 위에서 순간을 쉬고, 죽은 이는 그 아래에서 영원의 휴식을 취했으리라.

민가 마당에 있는 이 고인돌은 함안군북지석묘군 중 제26호로, 덮개돌에 무려 398개의 알구멍성혈, 性穴이 있다. 이 알구멍들을 연결하면 마치 별자리 같은데 알구멍을 만든 이유는 확실히 알 수 없으나 풍년을 빌거나 자식 낳기를 기원하는 의미에서 만든 것으로 추측하고 있다. 즉 알구멍은 다산과 풍요를 기원하는 신앙적 의식의 표현이었을 것이다.

신창마을 민가 마당에 있는 이 고인돌은 〈함안군북지석묘군〉 중 제26호로, 덮개돌에 무려 398개의 알구멍이 있다.

원효암에서 군북역으로 걸어오면서 만난 동촌리 고인돌. '칠연정'이라고 새겨진 제7호 고인돌에는 65개 정도의 알구멍이 있다.

발뒤꿈치를 세워 이리저리 애쓰는데도 사진 찍기가 쉽지 않다. 오른손을 쭉 뻗어 대문 너머로 카메라를 내밀어서 대충 어림잡아 몇 컷을 찍고 제대로 찍혔는지 확인하기를 여러 차례, 겨우 쓸 만한 사진 몇 장이 건져졌다. 그 모양이 괴이했는지 마침 지나가던 할머니가 소리쳤다.

"그 집 빈집이요. 주인이 어디 가고 없어요. 고인돌은 저기 덕촌마을 뒤로 가면 더 있어요."

그제야 주인을 기다려야겠다는 생각을 접고, 다시 사진 몇 컷을 찍고는 발걸음을 옮겼다. 나중에 원효암에서 역으로 걸어 내려오다 동촌리 들판을 지나게 되었는데 길가 쪽의 논 가장자리로 너럭바위 셋이 무리지어 있고, 다시 조금의 간격을 두고 다시 두 기의 바위가 서 있는 것을 발견했다. 동촌리 고인돌이었다. 신창마을에만 안내문이 있을 뿐, 들판의 고인돌에는 아무런 표식이 없어 유심히 살피지 않았다면 고인돌인 줄도 모를 뻔했다.

함안 군북지역은 경남지역에서 고인돌이 가장 밀집 분포된 지역 중 하나다. 특히 27기가 무리지어 있는 동촌리 고인돌군은 함안 지역에서 고인돌이 가장 많이 모여 있는 곳이다. 논 가운데 덩그러니 서 있는 고인돌을 보니 왠지 씁쓸했다.

봄날 동네 빨래터 풍경

신창마을은 시골마을치곤 예전에 제법 번화했던 모양이다. 도로 양쪽으로 길게 죽 늘어선 집들, 옛 이발소와 담뱃가게의 흔적, 담벼락에 쓰인 새마을운동 문구 등이 희미하게 남아 있었다.

오일장이 열리는 군북면 소재지로 무작정 걸었다. 신촌마을을 지나 덕촌마을에 이르렀을 때, 길가 어딘가에서 웃음소리가 들려왔다. 소리를 따라가보니 할머니 세 분이 빨래를 하고 있었다. 동네 빨래터였다. 참으로 오랜만에 보는 풍경에 여행자도 아무거리낌 없이 빨래터로 내려섰다. 인사를 하자 할머니들도 어디서 왔냐며 반갑게 맞아주신다. 봄인데 날씨는 초여름 같다.

"여기보다 훨씬 좋은 데도 많은데, 이런 빨래터가 멋지다고예?"

요즈음 동네 빨래터도 보기 힘든 풍경이지만 빨래터치고는 제법 번듯하다는 여행자의 말에 할머니들이 이구동성으로 텔레비전을 보니 이보다 더 좋은 빨래터도 많다는 것이었다. 텔레비전에 나오는 빨래터 장면은 대개 방송을 위해 설정이 많다고 했더니 "하모, 그렇기도 하겠제." 하며 또 까닭 없이 웃어젖힌다.

"여기 빨래터는 오래되었어. 모르긴 몰라도 백 년은 더 됐지 싶어. 내가 시집온 지가 벌써 오십 년이 넘었는데 그때도 동네에서 이 빨래터를 이용했거든. 물이 땅에서 펑펑 솟아 참 깨끗했는데 지금은 물도 잘 솟지 않고 저 짝 아래로 물이 잘 빠져나가지도 않아. 예전에는 물이 좋아 우물로 쓰기도 했지."

건너편에서 혼자 빨래하고 있는 할머니에게 조심스럽게 연세를 묻자 미장원에서 갓볶은 윤기 나는 머리카락을 매만지며 세 사람 중에 누가 가장 나이가 많이 들어 보이냐고 오히려 반문한다. 순간 말 한마디 잘못 건넸다가는 초상 치르겠

덕촌마을에서 요즈음 좀처럼 보기 힘든 동네 빨래터 풍경을 만났다.

다 싶어 뜸을 들이고 있는데 이를 눈치챘는지 할머니가 빙그레 웃더니 서열을 정리해준다.

"저기 할매가 올해 팔순이라. 나는 일흔셋이고. 칠학년 삼반이제. 근데 이녁은 올해 우찌 되는지 모르겠네."

윤기 나는 머리카락의 할머니가 건너편의 푸근한 인상을 가진 할머니에게 물었다.

"나요? 거기가 일흔셋이모 나하고 갑장^{동갑}이네. 뱀띠니께."
"아, 그래요. 진짜 동안이네. 나보다 어린 줄 알았드만. 내가 조금 늙어 보이긴 하지. 그럼 월성댁이 우리하고 갑장이니 전부 동무네."

할머니들도 여행자 덕(?)에 서열정리를 한 듯했고 덕분에 두 할머니는 친구가 됐다. 한눈에 봐도 수더분하니 인심 좋게 생긴 할머니는 사실 60대로 봤는데 '칠학년 삼반'이라는 말에 할머니들도 여행자도 모두 놀랐던 것이다.
할머니 세 분 다 덕촌마을에 사시는데 빨래터에는 간혹 나오신단다. 겨우내 집에서 세탁기만 돌리다가 오늘 볕이 하도 좋아 나왔는데 세 분이 우연히 모이게 됐다고 했다. 근데 비눗물로 인해 물이 뿌옇다. 배수로가 없나 싶어 살피고 있는데 아래쪽으로 진흙더미가 쌓여 물이 빠질 기미가 보이지 않는다.

"예전에는 물도 펑펑 솟고 배수도 잘되었는데 경지정리하고 기차역 공사하고 난 뒤부터 물길이 막혔는지 영 신통치 않아. 이젠 빨래터도 수명이 다 된기라. 여서 빨래를 해도 집에 가서 다시 세탁기에 돌려야 돼. 볕이 좋아 심심풀이로 빨래를 하는 거지. 찌든 때만 여기서 빼내고 빨랫감은 다시 깨끗이 헹궈야지."

할머니들은 연신 웃어댄다. 그런데도 손은 쉬지 않는다. 마치 노련한 장인처럼 쓱쓱 옷을 문대다가 첨벙첨벙 물에 헹구고 빨래를 비틀어서 대야에 담는 것이 아주 익숙한 손놀림이다. 그렇게 한참을 웃으며 수다를 떨었다. 참으로 오랜만에 보는 살갑고 정겨운 풍경이었다. 할머니들의 걸쭉한 입담에 봄은 그렇게 성큼성큼 다가오고 있었다.

삼남지방에서 사상자가 가장 많았던 군북 3·1운동

군북 3·1독립운동기념탑.

1919년 3월 5일, 유림을 중심으로 군북에서 독립만세 시위 계획이 세워졌다. 3월 10일 서산서당에서 주동자들이 모여 군북 장날인 3월 20일(음력 2월 19일)에 총궐기하기로 했다. 3월 20일 오전 9시경 학생 50여 명이 신창야학에 모여 독립선언문을 낭독하고 대한독립만세를 부르며 장터로 향했다. 오후 1시에 군북 시냇가에 5000여 명이 모여 독립선언식을 한 후 군북왜경주재소를 포위하자 군인과 경찰이 발포해 22명이 현장에서 순절했고, 18명이 크게 부상당했으며, 일본 군경 13명이 다치거나 죽었다.

3·1운동 당시 이곳 애국지사의 사상자 수는 평남 맹산, 경기 제암, 평북 정주, 평남 선천에 이어 전국에서 다섯 번째였으며 삼남지방에서 제일 많았다. 그만큼 군북 3·1운동은 전국에서 손꼽을 수 있는 항일시위였다. 이를 기념하여 2004년에 군북 3·1독립운동기념탑이 건립됐다. 매년 3월 20일이면 군북중학교에서 3·1독립운동기념탑까지 시가행진을 하면서 그날의 의거를 재현하고 있다.

조상이 생육신이니
오죽 힘들었겠어요

원북역

 더 이상 기차는 오지 않았다. 2012년 10월 22일을 마지막으로 함안 원북역은 폐역이 되었다. 밀양의 삼랑진과 광주의 송정역을 잇는 경전선 중에서도 시간의 흐름을 더디 붙잡아 매고 있던 곳 중의 하나가 진주선이었다. 진주-마산을 잇던 이 구간도 13개 역 중 7개 역이 사라지고 지금은 6개 역만 남아 속도를 다투고 있다.

마을 사람들이 세운 간이역

역무원도 없는 간이역. 승객이라곤 하루에 두서너 명이 고작이었던 이 작은 간이역은 이제 역사의 뒤안길로 사라지고, 수십 년 세월만 녹슨 철로에 켜켜이 쌓여 있다가 그마저도 2013년에 철거되었다.

경남 함안군 군북면에 있는 원북역은 1975년 1월 5일 영업을 시작한 무 배치 간이역이었다. 하루 10회 정차했던 무궁화호는 버스가 운행되지 않는 원북마을의 유일한 대중교통이었다. 이제는 군북터미널에서 오전 9시 25분에 출발하여 35분에 원북마을에 도착하는 버스가 유일한 교통편이 됐다.

원래 원북역은 철도청현 한국철도공사의 계획으로 설립된 역이 아니라 원북리 마을 주민들의 요청으로 지어졌다. 지금도 역사 외벽을 보면 '기증 박계도朴季道'라는 명판이 한자로 붙어 있다. 역사 옆에는 그의 공덕비가 있다.

마을에서 만난 주민의 이야기에 따르면 박계도라는 인물은 원북마을 출신으로 일제 강점기 때 일본으로 건너갔다가 1980년대 초에 마을로 돌아왔다고 한다. 그는 마을 뒤편에 저수지를 파서 마을 사람들에게 임금을 지급하여 가난한 살림에 도움을 주었고, 동시에 농업용수도 확보했다. 마을에 전기를 들여오는 비용과 군북면 면사무소 청사 건립 비용에도 도움을 준 것으로 전해진다. 역사도 마을 주민들이 건물도 없이 기차를 타고내리는 걸 안타까이 여겨 사비를 털어 지었다고 한다. 그 후 일본으로 돌아간 그는 그곳에서 생을 달리했다. '나라도 못하는 일'을 개인이 했으니 송덕비를 세울 만도 하다. 텅 빈 역사는 제 운명을 아는지 쓸쓸했다. 비록 초라한 행색일지언정 그 수고로움이 깊이 배어 있었다.

박계도 씨의 기증으로 지은 원북역사. 2012년 10월 22일 마지막 기차가 지나갔다.

기찻길 옆 유서 깊은 채미정

철로 옆에는 채미정採薇亭이 있다. 주나라 백이와 숙제가 수양산에서 고사리를 캐 먹으며 살았다는 고사를 인용하여 이름 붙인 정자다. 생육신의 한 사람으로 함안을 대표하는 인물인 어계 조려 선생이 낙향하여 낚시와 소요로 여생을 보낸 곳이다. 세상과의 인연을 끊고 단종의 유배지 청룡포로 찾아가 수시로 찾아가 인사를 올리며 단종을 연모하며 산 그를 사람들은 백이숙제에 비유하면서 마을 뒷산인 서산을 백이산이라고 불렀다. 단종이 사약을 받고 죽음에 이르렀을 때 급히 청룡포로 달려갔으나 배가 없어 통곡하던 그에게 호랑이가 나타나 데려다 줬다는 일화가 전해질 정도로 그의 충심은 지극했다.

채미정은 어계 조려 선생을 모신 서산서원의 부속 정자로 한국전쟁 때 소실됐던 것을 최근 복원했는데 서산서원이 훼철됐을 때에는 이곳에서 생육신의 향사를 봉향했다. 원북마을에는 고택과 서산서원 등 그의 자취가 곳곳에 남아 있다.
'백세청풍'. 정자에 걸린 현판에서 어계 선생의 맑은 정신이 엿보인다. 채미정 내에는 어계 선생의 9대 손인 유명한 조선시대 문인화가 관아재 조영석의 현판도 있다.
채미정 옆 청풍대와 문풍루에 올랐다가 야트막한 산을 넘어 철로변에 섰다. 예전 이곳은 봄이면 철도여행자뿐만 아니라 사진작가들이 자주 찾는 곳이었다. 봄이면 흐드러지게 핀 벚꽃 사이를 뚫고 S자로 휘어진 철길로 기차가 느릿하게 들어오는 풍경이 가히 압권이었다. 곡선과 느림을 상징하는 경전선의 대표적인 장면이 이곳에서 연출되었다. 철도여행자에겐 이곳은 마치 기차여행의 순례지 같은 곳이었다. 꼭 한 번 들러야 할 기차역이 있다면 누구든 원북역을 꼽는 데 주저하지 않았다.

개울가 우물

길을 건너 어계 고택이 있는 원북마을로 향했다. 군데군데 허물어졌지만 옛 담장이 아직 더러 남아 있었다. 마을 이름은 조선시대 진주 방면으로 연결하는 길목으로 어속원於涑院이라는 역원驛院의 북쪽에 위치하여 이루어진 마을이라 하여 '원북院北'으로 불렸다고 한다.
하천을 따라 고택으로 가다 보니 하천의 너른 반석 위에 우물이 보였다. 깨끗한 지붕 아래 파란 바가지가 매달려 있다. 예전 동네 아낙들은 이곳에서 물을 긷고 빨래를 했을 것이다. 지형을 살펴보니 개울의 물줄기는 어계 고택 맞은편의 산

기슭에서 흘러나와 마을 앞을 흘렀다. 예전에는 건너편에 마을이 없었으므로 물이 깨끗했음을 미루어 짐작할 수 있었다. 현재 우물도 산의 지하수가 땅 밑으로 흘러 이곳에서 솟아올랐을 것이다.

> "과거에는 마을에 개인 우물이 더러 있었습니더. 개인 우물이 없는 집에서 이 공동우물을 주로 썼지예. 지금은 집집마다 상수도가 있어 이 우물을 거의 사용하지 않습니더. 다만 마을에서 장을 담글 때는 사용합니더. 아무래도 상수도에 비해 철분도 많고 물맛이 좋아서 그런가 보지예."

지금도 이 우물을 사용하느냐고 물었더니 마을이장 이담수 씨의 답이었다. 그러나 우물이 언제 생겼는지는 그도 잘 모른다고 했다.

생육신 조상을 모신 종부의 한숨소리

마을 깊숙한 곳에 어계고택이 있었다. 수령 250년을 훌쩍 넘긴 커다란 은행나무가 높이 솟아 있다. 대문인 솟을삼문은 굳게 닫혀 있다. 옆문으로 돌아가니 가정집이다. 재실을 지키는 사람이 사는 집인 모양이다.

어계고택은 대문채와 원북재라 불리는 재실, 그리고 사당인 조묘가 있다. 앞면 4칸, 옆면 2칸인 원북재는 단순하면서도 검약한데 부엌을 두지 않아 원래 재실 용도로 지어진 것으로 보인다. 다만 원북재 뒤의 삼문을 들어서면 있는 사당인 조묘전은 터도 널찍하고 화려하다.

사당에서는 매년 음력 3월 초정일初丁日, 음력으로 정丁이 처음 들어 있는 날에 조려 선생과 부인에게 올리는 향례가 행해지고 있다. 조묘 안에는 어계 선생이 짚고 다니던

어계고택은 대문채와 원북재라 불리는 재실 그리고 사당인 조묘가 있다.

창녕 조씨인 종부 조설자 할머니. 어계고택의 종부는 몸이
불편한데도 오늘도 밭일 중이다.

죽장과 동제향로가 보관되어 있다. 일각문을 통해 나오는데 마침 옆집에서 할아버지 한 분이 나오셨다.

조붕래 할아버지는 함안 조씨 31세손이라고 했다. 어계 선생부터는 12세손이다. 원북재의 한쪽에 달려 있는 '금은유풍琴隱遺風' 현판에 대해 물으니 잘 모른다고 겸양을 떨면서도 술술 이야기를 풀어내신다.

"어계 선생의 부친이 조안이고, 조부가 전서공 조열이랍니다. 이성계가 왕위에 오른 후 금은 조열 선생을 불러서 거문고를 타도록 청했으나 수대로 왕씨의 녹을 먹은 신하로서 어찌 이씨 왕과 함께 즐기겠냐며 완강히 사양했다고 합디다. 당시 황희와 권근이 그의 절개를 꺾을 수 없으니 공경하게 돌려보내야 한다고 말했다지 아마. 그래서 금은유풍, 조열 할아버지의 절개를 길이 남기자는 거지요."

이런저런 이야기 끝에 할아버지는 한숨을 쉬셨다.

"어계 선생이 생육신이니 오죽 못살았겠어요. 잘은 모르지만 예전에는 집이 이쪽이 아니었던 모양이라. 저 짝 산 밑에 있었다는데, 후에 종가 살림이 조금 나아지자 지금의 자리로 옮긴 것 같아요."

어스름이 내리기 시작했다. 원북재 옆 종가에는 아직도 인기척이 없다. 아까부터 종부 할머니가 안 계신다 했더니 밭에 나가신 모양이라고 했다. 할아버지와 인사를 건네고 나오는데 종가 앞 밭에서 고랑을 메고 있는 할머니가 보였다.

종부 조설자 할머니였다. 벌써 몇 번을 뵈었지만 이번에는 무척이나 수척해 있었다. 얼마 전에 수술을 받아 거동하기도 힘들다고 했다. 그냥 쉬시라고 했더니 쉬면 몸은 편한데 마음이 지겹다고 힘겹게 입을 떼신다. 창녕 조씨인 종부 할머니는 길게 한숨을 내쉬었다. 고단한 삶이 그대로 뱉어져 나왔다.
마을을 나와 철길 위에 섰다. 기차는 여전히 오지 않았다. 구불구불한 옛 철길 너머로 번듯하게 직선화된 새 경전선이 또렷이 보였다. 휴우~, 하고 긴 한숨이 저도 모르게 나왔다.

생육신 사적비와 서산서원

채미정에서 도로를 건너면 오른쪽으로 서산서원이 보인다. 매월당 김시습, 경은 이맹전, 관란 원호, 문두 성담수, 추강 남효온, 어계 조려 등 생육신의 위패를 모시고 있다. 서산서원은 1703년[숙종 29]에 경상도 유생 곽억령이 사육신의 예에 따라 생육신의 한 사람인 어계의 사당을 세웠고, 1713년[숙종 39]에는 손경장 등이 상소에 의해 '서산서원'이라는 사액을 받았다. 그러나 고종 때 흥선대원군의 서원철폐령으로 훼철되었다. 1902년 어계 선생의 종중과 지역 유림들이 인근 사촌리에 다시 서원을 건립했다가 1980년에 지금의 자리에 세웠다.

서원 건물은 근래에 세워져 예스러운 맛은 없다. 외삼문인 숭의문을 들어서면 강당인 숭의당 좌우로 동재인 양정당, 서재인 상의재가 있다. 제법 너른 터에 지은 건물들이 무슨 현충원 같아 옛 서원의 고졸한 멋은 느낄 수 없다. 다만 여섯 거북 머리 모양의 비좌 위에 세운 생육신 사적비가 특이하다. 숭의당을 돌아 내삼문인 정양문을 지나면 생육신의 위패를 모신 사당인 충의사가 있다. 문화재관리국의 고증설계와 심의에 따라 매와 용무늬의 12색 특수 단청을 했다고 한다.

서원 옆 길가에는 잘생긴 소나무 몇 그루와 반질반질한 배롱나무 아래 엄숙한 기운이 감도는 전각이 있다. 이성계가 왕위에 오르자 불사이군의 정절을 지킨 전서공 금은 조열 선생의 신도비가 모셔져 있다. 그 옆에는 어계 선생의 오세손인 조종도가 정유재란 당시 함양 황석산성에서 왜적과 싸우다 전사하자 부인 전의 이씨가 자결하여 이를 기리고자 세운 쌍절각이 있다. 강직한 집안 내력이다.

서산서원(좌) 원북마을 돌담(가운데) 생육신사적비(우).

줄서서 사먹는
반성 오일장 순두부집

반성역

    경전선 반성역에서 내렸다. 10분이 지나도록 버스는 오지 않았다. 평소 같으면 묵묵히 기다렸겠지만, 바람이 하도 드세어 그림자마저 자취를 감춘 영하 10도의 날씨를 견뎌내는 건 고역이었다. 시각은 오전 10시 쯤. 철로 아래에 있는 반성역 건물은 밖에서 보면 2층인데 건물 위로 기차가 다니는 철길이 깔려 있다. 그러다 보니 철로 아래 역사 옆 빈 공간은 바람길이 되어 들판의 매서운 바람이 귀를 베어내는 듯한 추위를 몰고 오는 강풍으로 변하는 것이었다.

이 추운 날 오데 갑니꺼?

더 이상 버티지 못하고 역사로 들어서니 앞이 하나도 보이지 않았다. 역사 안이라고 해서 난방이 잘되는 것도 아닌데, 바깥 날씨가 워낙 춥다 보니 안경에 성에가 잔뜩 끼어 버렸다.

호주머니에서 주섬주섬 천을 꺼내 안경을 닦고 있는데 역무원이 다가왔다. 갓 서른을 넘겼을까. 먼저 꾸벅 인사를 하기에 얼떨결에 엉거주춤 인사를 했다. 역무원은 금방 버스가 지나가는 걸 봤다고 했다. 정류소까지 들어오지 않고 역사 뒤쪽에서 돌려나간 것 같다고 했다. 타고내리는 손님도 없으니 안쪽까지 들어오지 않고 입구에서 버스를 돌린 모양이다. 그래도 버스가 빠지는 경우는 거의 없다고 친절하게 덧붙였다.

"10시 15분에 수목원 가는 버스가 있으니까 조금 더 기다려 보시죠. 걸어가면 2, 30분은 걸리니 이 추운 날씨에 쉽지는 않을 겁니다."

걸어가면 얼마나 걸리느냐는 여행자의 결기 아닌 결기에 역무원은 그 무슨 가당치도 않은 말이냐는 투로 손사래를 쳤다.

"여기서 몸 좀 녹이시다 춥더라도 한 10분 정도 되면 미리 저 앞으로 나가서 기다리시는 게 좋을 겁니다. 버스가 정류소까지 들어오지 않으면 또 놓칠 수도 있으니까요."

바람이 멈춘, 조금은 온기가 있는 역사로 들어오니 냉동이 된 이마와 머리끝 사이가 무척 간지러워 손으로 벅벅 긁었다. 그 꼴이 우스웠는지 역무원은 억지로 웃음을 참느라 입을 앙다물고 있었다.

오늘은 수목원과 반성오일장을 둘러볼 계획이다. 다행히도 그 친절한 역무원 때문에 역사 한 구석에 붙여진 버스시간표를 찾을 수 있었다. 생각보다 반성터미널과 수목원 가는 버스는 자주 있었다. 임시로 생겼던 수목원역이 2012년 10월에 없어지면서 수목원에 가기 위해서는 신반성역에서 내려야 한다.
역무원이 시키는 대로 시계가 10시 10분을 가리키길 기다렸다가 역사 문을 열고 나왔다. 허공에서 맞부딪히는 엄청난 바람소리와 함께 추위가 온몸을 덮쳤다. 버스가 들어올 위치와 돌릴 지점을 가늠해보고 무조건 햇볕이 있는 곳으로 걸음을 재게 놀렸다.
멀리, 농로처럼 좁게 보이는 길을 따라 버스 한 대가 모습을 드러냈다. 바람을 가르며 흔들흔들 다가오는 모습이 몹시 추운 모양새다. 구불구불 논둑 너머로 보이던 버스가 순간 자취를 감추는가 싶더니 어느새 철길 아래 햇빛이 경계를 이룬 틈을 비집고 눈앞에 나타났다.
버스는 만원이었다. 젊은 사람이라고는 한두 명 될까. 얼굴에 고단함이 묻은, 그럼에도 설을 앞둔 설렘을 애써 감추지 않은 표정의 촌로들은 흔들리는 버스에 몸을 맡긴 채 장바구니를 단단히 챙겼다.
반성터미널로 곧장 갈 줄 알았던 버스는 수목원을 향해 달리기 시작했다. 차 안에 있는 노선도를 보고서야 아차 싶었다. 반성터미널로 바로 가는 버스는 5개 정류소만 거치면 되는데 이 버스는 내촌·장곡·두소·대사·남산·금야·상남·원동·답천·양전·수목원을 거쳐 다시 개암·구리·시정 마을 등을 거의 한 바퀴 돈 다음에야 반성터미널에 이르렀다.

이왕지사 이렇게 된 바에야 시골버스 여행이라도 푸지게 하기로 작정했다. 마을 구경도 실컷 하고 버스에 오르내리는 이들을 유심히 살피기도 하고, 노인 분들 자리도 봐드리고, 사진도 찍고……. 그러다보니 어느새 버스라는 공간은 동네 사랑방이 되었다.

"사진사 양반은 이 추운 날 오데 갑니꺼?"

카메라를 메고 있으니 사진사로 보였나 보다. 허기야 시골에선 더러 영정사진 찍으러 오는 사진사들로 착각을 하기도 한다. 수목원에 간다고 했더니 꽃 피면 좋긴 좋은데 하필이면 이 추운 날 뭐 볼 게 있어 가느냐는 투로 혀를 끌끌 차신다. 그러다 작은 승강이가 벌어졌다. 사단은 한 아주머니가 아는 척을 하면서부터였다. 수목원 버스정류소에서 내리기보다는 조금 앞서 내리면 수목원 가기가 훨씬 수월하다는 것이었다. 정류소가 아닌데 버스가 서겠냐며 다른 아주머니가 언성을 높이자 처음 말을 꺼냈던 아주머니도 이에 질세라 기사 양반한테 부탁하면 세워준다고 맞받아쳤다. 옥신각신 한 치도 양보하지 않던 싸움은 버스기사의 무뚝뚝한 한마디로 허무하게 정리됐다.

"버스는 수목원에서만 섭니다."

본의 아니게 무안해진 여행자는 얼른 내렸다.

대목을 맞은 반성오일장은 인근 5개면에서 온 사람들로 발 디딜 틈이 없다.

설 대목 왁자지껄 반성오일장

강추위에도 대목 맞은 오일장은 붐볐다. 진주 일대의 오일장 중에서도 가장 큰 장에 속하는 반성시장일반성시장은 지수·사봉·진성 등 인근 5개면에서 온 사람들로 시장 골목은 발 디딜 틈이 없었다. 설 대목이라 그런 줄 알았는데 국밥집 사장의 얘기로는 대목이 아니더라도 늘 사람이 많단다. 요즈음 한산해진 여느 시골장과는 확연히 달랐다. 반성시장은 3일과 8일에 열리는 오일장이다. 이곳 반성역은 예전 진주 마산 간 13곳의 경전선 역 중에서 살아남은, 진주·마산·중리·함안 역을 제외하면 군북역과 더불어 면 단위 역으로 유일하다. 그만큼 아직 사람들의 왕래가 잦고 활기가 남아 있는 곳이다.

사람들이 길게 늘어서 있는 풍경이 들어왔다. 이곳 시장에서 가장 인기 있는 손두부집이다. 추운 날씨에도 길게 늘어서서 한참을 기다린 끝에 손두부를 사가는 모습이 인상적이다. 이 집 손두부는 제법 입소문을 타서 진주 시내에 사는 이들도 더러 찾는 곳이라고 했다.

길게 늘어서 있는 사람들 때문에 두부집 앞으로 도저히 다가갈 엄두가 나지 않았다. 하는 수 없이 주인 양반 인터뷰는 다음을 기약해야 했다. 아쉬운 마음에 가게를 찬찬히 살피고 있는데 가게 벽면에 걸린 문구가 마침 눈에 들어왔다.

"매일매일 점검 합시다 – 화장실 청소, 공장 주변 청소, 창문 및 창틀 청소, 판매대 주변 청소, 거미줄 및 파리 무조건 없앤다."

그리고 큼지막하게 별표를 해서 강조한 글씨가 보인다.

"두부 작업대 및 기계 청소 철저히, 두부 상자 및 묵 상자 청소 철저히."

그리고 그 옆 게시판에는 다시 강조를 해뒀다.

"상인은 똑똑하되 고객을 가르치려 하면 안 되고 / 상인은 논리적이되 고객을 이기려 하면 안 되며 / 상인은 높은 곳을 보되 고객을 내려다 봐서는 안 된다 / 상인은 영리하되 교활하지……."

그제야 이 손두부집이 손님이 많은 이유를 알겠다.

손두부집에 줄을 선 사람들. 진주 시내에서까지 이곳을 찾는 사람들이 있을 정도로 인기다.

정말 매서운 날씨다. 아무리 물을 끼얹어도 생선은 금세 얼어 버려 생선장수의 손질은 더디기만 하다. 밥때를 놓친 상인은 아예 시장바닥에 작은 화로를 놓고 냄비를 얹어 라면을 끓이고 있다. 양은냄비에서는 하얀 김이 뭉글뭉글 피어올라 지나는 이의 코를 자극한다. 과자를 길게 펼쳐놓은 난전에도 할머니들이 기웃거린다. 설날 시골에서 손주들에게 딱히 줄 수 있는 건 과자뿐, 그마저도 투박한 시골과자는 아이들에게 인기가 없다. 차가운 손주의 발을 덮혀줄 알록달록한 양말을 고르는 할머니의 손은 고민이다.

새끼줄에 꽁꽁 묶인 메주는 차디찬 콘크리트바닥에서 겨우 한줄기 햇빛만을 위안삼아 데리고 갈 주인을 하염없이 기다리지만 반나절이 지나도록 허탕이다. 기름집에서는 고소한 냄새가 진동하고, 추위에 쫓긴 장꾼들은 국밥집에 모여 소주잔을 기울인다. 골목 외진 곳에 겨우 자리잡은 할머니는 춥기만 하다. 추운 손님들은 휑하니 지나치고 언 입은 쉬이 떨어지지 않는다.

사람들이 뜸한 골목 뒤쪽은 햇살마저 사라지고 그림자만 길게 누웠다. 아무리 고개를 내밀어도 그림자 긴 뒷골목에는 좀처럼 손님이 오지 않는다. 간혹 오가는 이들도 강추위에 냉큼 지나쳐 버린다. 미처 마땅한 장소를 찾지 못한 상인은 트럭째 문을 열었다.

이곳 시골장에도 마트가 몇 곳 생겼다. 시장을 포위하듯 빙 둘러 있는 마트도 모자라 새로이 또 다른 마트가 들어설 모양이다. 이래저래 시장은 가난하고 비루하다. 넘치는 활기가 아니라면 그 강한 생명력이 어디에 있음이랴. 그저 내일은 사치일 뿐 오늘을 열심히 살아내는 것일 뿐이다.

시장 안쪽으로 국밥집이 보인다. 시골장에 와서 뜨끈한 국밥 한 그릇을 후루룩 말아 먹으면 참으로 흐뭇한 일.

"어서 오이소. 2등 싫다! 반성 최고의 일미 →味 옛 장터국밥 맛 그대로!"

유난히 눈에 뛰는 간판 때문에 퍼뜩 문을 열고 들어갔더니 국밥집이 아니었다. 출입구가 나란히 붙어 있는 바람에 옆집을 국밥집으로 착각하고 문을 연 것이었다. 덕분에 여행자는 남자에게 참말로 좋다며 주인아주머니가 자꾸 권하는 장어국밥을 먹게 됐다.

장어국밥 한 그릇을 든든히 먹고 시장으로 나오니 해는 서서히 기울고 있었다. 이제 돌아갈 일만 남았다. 인도를 따라 걸었다. 소재지는 길게 늘어선 열촌이었다. 한참을 걷자 옛 반성역이 골목 끝으로 보였다. 펜션같이 생긴 저 간이역도 이제 옛 유물이 돼 버렸다. 터미널에 도착. 다시 신반성역으로 가야 했다. 시동을 켜지 않은 버스는 노인들로 가득 차 있었다. 수심이 가득한 창으로 햇살이 경계를 넘어서자 버스는 달리기 시작했다.

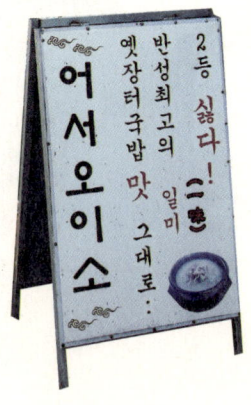

꼭 가봐야 할 경상남도 수목원

경상남도 수목원은 진주시 반성면에 있다. 예전에는 지명을 따 도립반성수목원으로 불리다 2000년에 지금의 이름으로 바꿨다. 전체 면적이 56ha이고 총 1500여 종에 10만여 본의 식물이 식재돼 있어 명실공히 경남을 대표하는 수목원이다.

수목원에서 제일 먼저 맞닥뜨리는 공간은 산림박물관. 1층 로비에 800여 년 된 고사한 소나무가 전시돼 있으며 식물 표본·야생화 표본·동물 표본·나무 표본·곤충 표본·화석 표본 등 잠시라도 눈을 뗄 수 없을 정도로 볼거리가 가득하다. 체험실이 있어 아이들에게도 유용한 학습공간이 된다.

산림박물관을 나오면 수목원 곳곳으로 이어지는 갈래길이 나온다. 열대식물원·무궁화홍보관·난대식물원·침엽수원·산정연못·대나무숲·폭포·전망대·선인장원·화목원·활엽수원·약용식물원·야생동물원·수생식물원·장미원·철쭉원·메타세쿼이아길 등 이루 헤아릴 수 없는 공간을 느긋하게 걸어볼 일이다.

관람 시간은 3~10월에는 9시부터 18시, 11~2월에는 9시부터 17시까지다. 산림박물관은 매주 월요일과 1월 1일, 설날·추석에 휴관한다.

그리움만 남은 간이역, 진주수목원역

한때 승객이 없어 하나둘 사라진 시골의 다른 간이역들과는 달리 수목원으로 인해 오히려 2007년 10월 19일에 새로 생긴 진주수목원역. 하루 11회의 무궁화호가 정차했으며, 진주수목원역에서 내려 5분 남짓 걸으면 수목원에 도착했었다. 그러나 5년 만인 2012년 10월 23일 진주 마산 복선 개통으로 1832일 만에 사라져 지금은 경남 진주시 일반성면 개암리에서 그 흔적만 찾을 수 있다.

진주의 맛과 멋에 빠지다

진주역

　진주 하면 흔히 비빔밥과 냉면을 꼽곤 한다. 여행자가 찾은 제일식당도 실은 비빔밥으로 유명한 식당이다. 진주중앙시장 안에 있는 이 식당은 천황식당과 더불어 현재 진주에서 비빔밥으로 쌍벽을 이루고 있다고 해도 과언은 아니다. 제일식당은 비빔밥뿐만 아니라 해장국도 유명하다. 외지인들이야 비빔밥을 주로 먹고 가지만, 사실 이 지역 사람들은 제일식당의 해장국을 더 좋아한다. 영업 방식도 특이한데, 새벽 4시부터 오전 11시~11시 30분까지는 해장국을 팔고, 11시~11시 30분 이후에는 비빔밥만 판다.

진주중앙시장 내 제일식당 해장국은 지역민들에게 아주 인기가 좋다.

젓가락 안 주기로 유명한 해장국집

식당 안은 의외로 비좁다. 근데 탁자 서너 개가 전부인 이 작은 공간이 마술을 부린다. 이곳에 오면 모르는 사람들끼리도 자연스레 합석을 하여 음식을 먹기 때문이다. 물론 잘 살펴보면 2층도 있다. 좁은 계단을 올라가면 제법 너른 다락 같은 2층 실내가 나타난다.

이 식당은 중앙시장 내에서도 대를 이어서 하는 꽤나 오래된 식당이다. 벽면에는 처음 식당을 운영했던 시어머니 사진이 걸려 있다. 몇 년 전만 해도 식당에서 뵐 수 있었다.

"어서 오이소."

워낙 자주 가는 곳이라 주인아주머니가 반갑게 맞이했다. 주문할 것도 없이 해장국이 나왔다. 여행자에겐 국 따로 밥 따로 나왔다. 대개 국물에 밥을 말아 나오는데 밥을 따로 달라고 하면 된다.

다른 반찬은 아예 없다. 딸랑 해장국과 깍두기가 전부다. 근데 먹다 보면 다른 반찬이 있을 이유가 없다. 너무 과하여 재활용 및 잔반 문제로 골치를 앓는 여느 식당과는 달리 이곳은 그런 걱정이 없다.

해장국은 전날 밤부터 사골을 푹 고아 우려낸 육수에 시래기와 부드러운 고기가 들어가 있다. 고기는 거의 보일 듯 말 듯 씹힐 듯 말 듯하여 먹기에 아주 좋다. 그냥 심심해 보이는 깍두기도 시원한 맛이 일품이다.

밤새 마신 술에 이 해장국 한 그릇이면 숙취 같은 건 몸에 붙어 있을 재간이 없다. 부드러운 시래기와 시원한 국물은 해장하기에 그만이다. 사실 술꾼들이 새벽같이 이곳을 찾는 이유이기도 하다. 여행자도 한때 이 집을 제집 드나들 듯 번질나게 드나든 적이 있다.

"아주머니, 젓가락 좀 주세요."

예전에 같이 갔던 일행이 젓가락이 없다며 아주 당연하게 주인을 불렀던 적이 있다. 여행자처럼 자주 가는 사람이야 젓가락 없이 먹는 걸 당연하게 여기겠지만, 외지인의 눈에는 아주 낯설었던 모양이었다. 가만 보니 젓가락 없이 먹는 게 조금 이상하기도 하다.

사실 이 집에서 젓가락을 주지 않는 이유가 있다. 그 비밀은 깍두기 국물에 있다. 그냥 깍두기만 젓가락으로 집어 먹는 것보다 숟가락으로 깍두기 국물을 담아서 같이 먹으면 훨씬 시원한 맛을 즐길 수 있고, 해장국에 남은 잡냄새마저 깔끔히 잡을 수 있다. 한번 먹어 보면 '아, 이래서 젓가락이 필요 없구나!' 하고 누구나 공감을 하게 된다. 물론 비빔밥을 먹을 때에는 젓가락이 나온다.

이 냉면 기가 막혀, 조선의 2대 냉면 진주냉면

아침은 해장국이라면 점심은 냉면이다. 진주냉면집 하연옥을 찾았다. 예전 서부시장에 있을 때 간혹 들렀었는데 2011년 지금의 자리로 옮기고 난 후부터는 한번도 가보질 못했다. 몇 번 가려고 했으나 그때마다 길게 늘어선 줄을 보고 지나치기만 했다. 이번에는 날씨도 제법 쌀쌀해져 손님들이 뜸하겠지 생각하며 찾았으나 역시나 기다려야 했다. 그나마 이른 점심시간에 가서 10여 분을 기다린 걸 다행으로 여겨야 했다.

비빔밥은 전주비빔밥이 유명하다고 하지만 그것은 최근의 일이고, 그 역사와 유래는 확실하지 않다. 비빔밥이 문헌에 처음 등장한 것은 1800년대 말엽에 발간된 《시의전서》인데, '부빔밥'으로 표기하고 있다. 다만 육당 최남선은 《조선상식》에서 지방마다 유명한 음식으로 전주의 콩나물과 진주의 비빔밥을 들고 있어 이때만 해도 진주의 비빔밥이 훨씬 유명했다는 것을 엿볼 수 있다.

냉면 또한 지금이야 평양냉면과 함흥냉면이 유명하지만 사실 예전에는 북에는 평양냉면, 남에는 진주냉면이었다. 오늘날 이름을 얻고 있는 함흥냉면은 그 역사를 쳐봐야 한국전쟁 이후 피난민에 의해서 만들어졌다는 게 정설이다.

북한에서 출간된 《조선의 민속전통 1994》이란 책을 보면 '랭면 가운데서 제일로 일러주는 것이 평양랭면과 진주랭면이었다'는 내용이 나온다. 이처럼 진주냉면은 냉면의 본고장 북한에서도 인정하는 맛으로 진주 지방에서는 옛날 양반의 특식이자 기방의 야식으로 유명했다.

한 줌밖에 안 되는 메밀국수에 볶은 고기를 가늘게 썰어 넣어 배와 생강으로 맛을 여민 육수로 된 이른바 진주냉면이 구사마의 호물이었다. "이 냉면 기가 막혀." 구사마는 한꺼번에 두 그릇을 먹곤, "진주를 떠나면 영영 이 맛있는 냉면을 못 먹게 될 텐데……." 하고 숙연히 한숨을 지었다.

소설가 이병주의 《지리산》에 나오는 구절이다. 일본인 교사 구사마가 진주를 떠나면서 다시는 냉면을 못 먹게 되는 것을 한숨짓는 대목이 나올 정도로 진주냉면은 그 맛이 유명했다.

조선시대 진주냉면은 화려했던 진주의 교방문화와 함께 전성기를 누렸다. 진주의 한량들이 기생들과 질펀하게 술판을 벌이다 선주후면先酒後麵의 식사법에 따라 입가심으로 즐기던 고급 음식이 냉면이었다. 교방문화가 꽃폈던 진주의 '귀족냉면'이었던 셈이다. 당시는 냉면의 고명 또한 교방청 별식답게 전복, 해삼, 석이버섯 따위의 비싸고 귀한 재료가 올라갔는데 이후 냉면이 서민음식이 되면서 소박해졌다.

《한국향토전자문화대전》에 따르면 진주냉면은 중앙시장 대화재로 1960년대 중반에 진주지역에서 사라졌다가 1999년 식생활문화연구가에 의해 재현되었다고 한다. 그런데 유일하게 서부시장에 자리잡은 '부산식육식당'이 당시의 맛을 간신히 이어온 것으로 알려져 있다. 60여 년 전 진주의 나무전거리지금의 중앙시장에서 냉면장사를 시작했던 황덕이 할머니의 냉면집이다. 이후 이 식당은 '부산냉면', '진주냉면'으로 상호를 변경하였다가 2011년 5월에 '하연옥'이라는 이름으로 이곳으로 옮겨왔다. 허영만 화백의 《식객》에 등장하기도 했다.

진주냉면은 고명과 육수가 다른 냉면과 확연히 다르다. 다른 재료들은 일반적인 냉면과 차이가 없으나 고명으로 올린 두툼한 육전이 별미다. 계란을 입힌 소고기를 기름에 부쳐 썰어낸 육전은 쫄깃한 면과 묘한 조화를 이뤄 진주냉면만의 독특한 개성을 보여준다.

육수는 멸치, 홍합, 다시마, 소고기 사태를 주재료로 하여 만드는 데만 꼬박 2박 3일이 걸리며, 이후 15일간의 저온 숙성으로 맛을 갈무리한다고 한다. 다소 생소할 수도 있는 냉면 육수의 맛에 대한 평가는 엇갈리지만 해물 특유의 풍부한 향미와 감칠맛 나는 풍미는 두고두고 입맛을 당기게 만든다. 특히 벌겋게 달궈진 쇠막대기를 사용하여 육수의 잡내를 없애는 방법은 진주냉면의 숨은 비법이다. 면은 메밀가루에 고구마 전분을 섞어 면발을 뽑는 것이 특징이다.

재미있는 사실은 예전에는 냉면이 겨울음식이었다는 점이다. 냉면에 관한 기록이 문헌에 보이는 건 19세기 중엽 무렵인데 《동국세시기》에서 냉면을 여름음식이 아닌 '겨울시식'으로 꼽고 있다.

칠보화반으로 불렸던 진주비빔밥

진주에 왔으니 진주비빔밥을 먹지 않을 수 있나. 그중 3대 80년째 운영해오고 있는 '천황식당'을 찾았다. 진주비빔밥은 임진왜란 당시 서둘러 한 끼 식사를 해결하고자 비벼 먹은 데서 유래되었다고도 하고, 제사에 썼던 나물과 탕국을 즐기던 음식에서 비롯되었다는 이야기도 있다. 전자는 지금 진주비빔밥으로, 후자는 진주 헛제삿밥으로 전해진다.

진주비빔밥이 남다른 데는 먼저 사골국물로 밥을 짓는 데 있다. 밥 위에는 손가

진주냉면은 한식 세계화를 위한 음식으로도 인정받았다. 2008년 뉴욕에서 열린 세계한식요리대회에서 '대령숙수 전통 음식상'을 받기도 했다.

진주비빔밥은 칠보화반으로 불릴 정도로 색상이 예쁘다.

락 사이에 뽀얀 물이 나오도록 까부라지게 무친 나물을 얹는다. 여기다 살코기와 선지·간·허파·천엽·내장을 푹 곤 국물에 작고 도톰하게 썬 무와 콩나물, 대파를 넣어 만든 선짓국이 함께 나와 맛을 돋운다. 진주비빔밥은 동황색의 놋그릇과 하얀 쌀밥, 나물 들이 만들어내는 색상이 아름다워 꽃밥 혹은 칠보화반으로 불릴 정도다.

1929년 12월 1일자 대중잡지 《별건곤》 제24호에는 '맛나고 값 헐한 진주비빔밥은 큰 고깃점과 세 치나 되는 콩나물발을 그대로 올려놓는 서울비빔밥과는 도저히 비길 수 없으며, 하얀 쌀밥 위에 가지각색 나물을 둘러 색을 조화시켜 그 향취가 코를 찌를 뿐 아니라 보기에 먹음직하다.'라고 진주비빔밥을 예찬한 글이 실렸다. 또 색상이 선명하고 신선한 소고기육회를 쓰는 점과 특별하게 만든 고추장인 '엿꼬장'과 '쏙대기돌김' 등이 들어가는 점도 특이하다. '입에 척 감긴다'는 말이 나올 정도로 진주비빔밥은 맛나다. 여기서 하나. 비빔밥은 젓가락으로 비벼야 재료가 상하지 않고 제대로 맛이 난다. 천황식당의 계산대 옆에는 후식으로 계피와 감초가 놓여 있다. 이들은 음식을 먹고 난 후 약간은 찝찝한 입안을 싸하고 상쾌하게 한다.

전주비빔밥이 세련되고 거하게 나와 가격이 비싼 반면, 진주비빔밥은 소박하고 맛깔나면서도 가격은 절반에도 미치지 않으니 여행자의 가벼운 주머니에는 제격이다. 천황식당의 비빔밥이 약간 고슬고슬하다면 제일식당의 비빔밥은 조금은 차진 편이다. 천황식당이 손바닥만 한 마당 둘레로 방이 몇 칸 있어 예스러움이 있다면, 제일식당은 장터의 활력을 느낄 수 있을 만큼 시끌벅적하다.

진주라 천리길, 제대로 여행하는 법

진주성.

진주성 야경.

진주는 강의 도시이다. 진양호 일주도로를 따라 드라이브를 하거나 시내의 남강을 따라 자전거를 타거나 산책을 해도 좋다. 진주의 주요한 여행지인 대평의 진주청동기문화박물관, 진양호, 진주성과 촉석루, 망진산 봉수대, 선학산 전망대 등이 모두 남강가에 자리하고 있다.

사시사철 여행할 수 있는 곳이 진주성과 촉석루다. 성가퀴를 따라 성을 한 바퀴 도는 것도 좋고 안쪽에 있는 임진왜란 전문 박물관인 국립진주박물관은 꼭 들를 만한 곳이다. 여유가 있다면 공북문 밖의 인사동 골동품거리도 좋다. 진주성 정문에 있는 형평운동기념탑을 참배한 뒤 장석 8만여 점이 전시된 우리나라 유일의 장석가구장식 박물관인 태정민속박물관진주시향토민속관도 가볼 만하다.

진주소싸움.

진주는 봄과 가을에 여행하는 것이 무엇보다 좋다. 봄에는 진양호에서 시작된 벚꽃이 남강을 따라 평거동, 신안동 거리를 거쳐 멀리 금산의 공군교육사령부와 금호지 일대까지 이어져 도시 전체가 온통 벚꽃 천지가 된다.

가을에는 축제로 북적댄다. 개천예술제를 비롯해 우리나라 대표 축제로 자리매김한 진주남강유등축제, 코리아드라마페스티벌, 진주민속소싸움대회가 모두 10월에 열린다.

수복찐빵.

진주의 먹을거리는 진주비빔밥과 진주냉면 외에도 옛 교방문화를 되살린 한정식과 헛제삿밥, 진양호 통닭집, 진주성 정문에 있는 장어거리 등이 있다. 중앙시장 먹거리 골목도 여행자들이 찾기에 좋은 곳이다. 중앙시장 인근 수복빵집의 팥물을 뿌린 찐빵도 놓칠 수 없는 별미다.

습지원.

진주시에서 운영하는 진주시 공영자전거무료대여소신안동, 상평동에서는 신분증만 제시하면 무료로 자전거를 대여할 수 있다. 문화예술회관 앞에는 자전거유료대여소가 있다. 진주역에서 카셰어링을 이용하는 것도 가능하다.

PLUS 사진으로 보는 진주선의 역사

경전선① 1968

강에서 안으로 푹 휜 악양 들판을 에두르던 버스가 악양면 소재지인 정서리에 섰다. 입석마을쯤에서 내려 봉대마을을 지나 한산사로 향했다. 길가에는 둘레길을 알리는 표지목이 곳곳에 서 있었다.

만해 한용운과 김동리가 다솔사로 간 까닭은?

완사역

'다솔'이란 단어는 무한한 상상력을 불러일으킨다. '솔松'과 '솔率'의 음과 '다多'와 '다茶'의 음이 다양한 변주를 만들어낸다. 다솔사 내력이야 '많은 군사를 거느린다'는 의미를 갖고 있지만 아무렴 어떤가. 제대로 뜻만 안다면 자신의 느낌대로 이 산사를 기억하는 것도 좋으리라. 다솔사는 지금이야 차로 휑하니 갈 수 있는 곳이지만 예전에는 길이 쉽지 않았던 모양이다.

소나무 군사의 호위를 받으며 오르는 절집

시인 고은은 자전소설 《나의 산하 나의 삶》에서 하동을 찾아 장바닥 국수 한 그릇을 먹고 나서 다솔사로 걸음을 놓을 때 "정작 다솔사는 다솔사 역에서 멀다. 그 먼 산길을 터벅터벅 올라가면 퇴락할 대로 퇴락한 고찰이 있는데 그것이 다솔사다."라고 말했다.

시인의 말대로 버스도 자주 없던 그 시절, 다솔사에 가려면 다솔사역에서 내려 산길을 터벅터벅 걸어야 했을 것이다. 산사가 그대로 역 이름이 된 다솔사역도 2007년 6월부터 기차가 서지 않는 폐역이 됐다. 이젠 다솔사에 가려면 자가용을 이용하거나, 버스로 곤양터미널로 가거나, 기차로 완사역에서 내려 하루 몇 대 오가는 버스를 갈아타야 한다.

다솔사는 얼핏 소나무가 많아서 붙여진 이름이 아닐까 싶을 정도로 솔숲이 장관이다. 절을 지키는 소나무 군사들의 호위를 받으며 오르는 길은 든든하고 눈이 시원하다. 중간중간 편백나무와 삼나무가 있어 숲은 한층 풍요롭다. 울울창창한 숲길을 따라 절집을 오르다보면 어금혈봉표御禁穴封表, 혈자리(묘자리)를 금지하는 표석라고 적힌 바위가 나온다. 1890년 고종 때 어명으로 경상도 진주관아 곤양읍성에서 세운 것으로 전해진다. 다솔사는 창건됐던 지증왕 때는 영악사로 불리다 의상대사가 영봉사라 했다가 도선국사가 지금의 다솔사로 바꿔 불렀다고 한다.

숲길이 끝나면 넓은 주차장이 나온다. 편의를 위해 만든 것이지만 산사로 오르는 호젓함은 매번 이 주차장에 이르러 여지없이 끊겨버린다.

고종 때 어명으로 세워진 어금혈봉표.

〈독립선언서〉 초안과 《등신불》이 탄생한 다솔사

층계를 밟아 오르면 육중하면서 고졸한 대양루가 눈길을 끈다. '큰 볕이 내리는 누각'인 만큼 언제나 햇볕이 넘친다. 대양루 옆에는 샘이 졸졸졸 솟아나고 단풍나무가 어우러져 퍽이나 아름답다. 아마 이 공간이 다솔사에서 가장 아름다운 곳일 것이다.

2층인 대양루는 아래쪽 기둥들은 휘어진 대로 그대로 쓰고, 대신 위쪽 기둥은 잘 다듬은 목재를 사용했다. 벌써 십수 년 전, 대양루 법고에 우담바라가 피었다고 해서 보러 온 적이 있었다. 다솔사에서 가장 오래된 건물인 대양루는 지금은 퇴락했지만 일제강점기 당시에는 민족정신 함양의 도장이었다.

대양루 맞은편이 적멸보궁이다. 원래는 대웅전이었는데, 1979년 응진전을 수리하다가 탱화 뒤 벽에서 사리가 발견돼 대웅전을 적멸보궁으로 증개축한 뒤 불사리를 모시게 됐다고 한다. 적멸보궁 옆에는 파괴돼 형체를 알 수 없는 탑 한 기가 있다. 처음 불사리 108과가 이곳 탑에 모셔졌던 것을 일제강점기 일본인들의 눈을 피해 응진전 탱화 뒤 벽으로 옮겼다고 한다. 적멸보궁 안에는 열반에 들기 직전의 부처의 모습인 와불상이 있다. 법당에서 보면 뚫린 벽면으로 사리탑이 보인다. 소원을 빌며 탑 주위를 빙빙 도는 사람들이 정성스럽다.

법당 옆 응진전은 16나한을 모시고 있다. 1930년대에 만해 한용운이 수도하면서 보수한 것으로 전해진다. 사실 다솔사를 거쳐간 인물들의 면면을 보면 예사롭지 않다. 만해 한용운은 일제강점기 때 12년간 이곳을 왕래하면서 〈독립선언서〉 초안을 작성하고 항일비밀결사 '만당'을 조직했다. 그가 머문 곳이 요사채 안심료安心寮다. 안심료는 또한 소설가 김동리가 1960~1961년에 머물면서 《등신불》을 집필한 곳이기도 하다. 김동리는 효당 스님이 '광명학원'이라는 야학을 세우자 야

안심료는 만해 한용운이 〈독립선언서〉 초안을 작성하고 김동리가 《등신불》을 집필했던 곳이다.

학교사로 부임하여 다솔사와 인연을 맺었다. 이때 대양루가 수업장소였다고 한다. 그 후 만해로부터 중국의 한 살인자가 속죄를 위해 분신 공양을 했다는 이야기를 듣고 뒷날 《등신불》을 세상에 내놓게 된다.

이외에도 불교철학을 연구하는 데 힘쓴 김범부와 승려이자 독립운동가였던 효당 최범술, 김법린 등이 이곳을 거쳐 갔다. 특히 다솔사는 다사茶寺로 불릴 만큼 차로 유명한데 다솔사 아랫마을에서 태어난 최범술이 60년 가까이 이곳에 머물면서 차밭을 일구고 반야로차를 만들었기 때문이다. 차밭은 지금도 적멸보궁 뒤로 넓게 펼쳐져 있다. 효당의 승탑은 다솔사 입구 휴게소 언덕배기에 있다.

요사채 안심료는 그럭저럭 옛 모습을 간직하고 있지만 만해와 김동리의 흔적을 찾기는 쉽지 않다. 그들의 이곳에서의 행적을 소개하는 푯말만 툇마루에 이리저리 있을 뿐이다. 안심료 안마당에는 만해가 자신의 회갑을 맞은 1939년 김범

안심료 앞에는 만해 한용운이 회갑을 맞아 1939년에 심은 황금공작편백 세 그루가 있다.

부·김법린·최범술·허백련 등과 함께 심었다는 황금 편백나무 세 그루가 있다. 황금빛 잎으로 황금공작편백으로 불리는 이 나무들은 훤칠하니 잘도 생겼다. 절 아랫마을까지 내처 걸었다. 햇살이 따가웠다. 여름이면 노랗게 꽃을 피우는 모감주나무에 꽈리모양의 열매가 열렸다. 버스 도착 예정 시각은 오후 3시, 곤양터미널에서 출발하는 시각이었다. 버스가 온 시각은 오후 3시 4분. 10여 분 걸릴 것이라 예상하고 늑장을 부렸다면 하마터면 버스를 놓칠 뻔했다. 승객은 단 한 명, 아주머니 한 분이었다. 오후 3시 10분쯤, 버스는 원전을 지났다. 곤양과 완사의 중간쯤에 있는 원전은 완사에서 15리 떨어진 거리에 있어 십오리원이라고도 불렸다. 이순신이 합천 삼가에서 노량으로 백의종군할 때 수군의 패보를 들은 십오리원이 바로 지금의 원전이다.

절 아랫마을까지 내처 걸었다.
햇살이 따가웠다.

완사오일장과 봉명산 숲길

완사오일장의 명물은 바로 피순대

완사시장은 1일과 6일에 열리는 오일장이다. 입구에 들어서면 끝이 훤히 보일 정도로 손바닥만 하지만 시쳇말로 없는 거 빼고 모두 다 있다. 완사는 바다가 지척이다. 곤양과 서포의 갯벌과 바다에서 오는 게와 각종 해산물이 시장의 한구석을 채운다. 뿐만 아니라 주위에 산지가 적지 않다 보니 수십 가지의 약재가 시장바닥에 즐비하다.

완사시장에서 빠뜨릴 수 없는 명물은 피순대. 시장에는 순댓집이 여럿 있는데 그중에서 여행자가 찾은 곳은 장터에 있는 '곤양식당'. 이 지역에서는 꽤나 알려진 집이다. 주인 문덕희 할머니는 예전 장날이면 이곳에서 국밥을 말아 장꾼들에게 팔다가 20여 년 전부터 피순대를 만들어 식당을 꾸려왔다. 이 집 순대의 특징은 그 흔한 당면을 넣지 않고 방아·파·마늘·김치 등 각종 야채와 양념을 버무린 선지를 넣어서 만든다는 데 있다. 이곳의 피순대가 아름아름 입소문이 나서 타지인

완사시장의 명물 피순대

들도 부러 찾아오기도 한다. 돼지국밥·내장국밥·순댓국밥·추어탕은 6000원, 수육은 1만 2000원, 순대는 작은 게 6000원, 큰 게 1만 2000원이다.

완사오일장에선 소고기국밥도 유명하다. 완사시장은 완사역에서 500m 정도로 도보로 5분 거리다. 사천시 곤명면 정곡리 842에 있다. 완사의 특산품은 녹차인데, 시장에서 1.7km 떨어진 곳에 대규모 녹차밭인 사천녹차원 다자연이 있고 다솔사와 서봉암에도 녹차밭이 있다.

봉명산 숲길 산행과 물고뱅이마을 둘레길

다솔사에 갔다면 봉명산 숲길은 꼭 걸을 일이다. 제일 좋은 길은 서봉암에서 다솔사로 내려오는 산길이다. 완사역에서 내려 서봉암까지는 완사택시(055-853-2070)를 이용하면 된다. 완사에는 택시가 단 두 대밖에 없다. 요금은 1만 1000원 정도이다. 서봉암에서 다솔사까지는 약 3.7km 정도이고, 아주 평탄한 산길이어서 어른아이 할 것 없이 누구나 걷기 좋다. 약수터 가는 길로 질러가면 2.2km 정도다. 다른 방법으로는 시내버스로 곧장 다솔사까지 가면 된다. 다솔사에서 보안암을 지나 서봉암까지 갔다가 약수터 지름길로 해서 다시 다솔사로 돌아오는 산행을 택해도 좋다. 봉명산에서 1005번 지방도를 건너 물고뱅이마을에서 다시 봉명산으로 돌아오는 물고뱅이마을 둘레길도 걸어봄직하다.

보안암 석굴(좌)과 봉명산 숲길(우).

곤양-다솔사-완사 시내버스 시간표

곤양(출발)	다솔사(경유)	완사(출발)
8시 40분	8시 43분	9시
11시 40분	11시 43분	12시
–	–	13시 10분
14시 20분	14시 23분	–
15시	15시 3분	15시 20분
19시 10분	19시 13분	19시 30분

흔한 코스모스라고요?
여긴 다릅니다

북천역

　　기차 안에서 갑자기 탄성이 터졌다. 무슨 일인가 싶어 밖을 내다보니 건너편 도로가 멈춰 있었다. 북천 코스모스 축제로 가는 도로가 차량 정체로 꼼짝을 하지 않았던 것이다. 어쩌나, 하며 걱정을 하는 듯한 승객의 말에는 다행이라는 안도가 눈치껏 숨겨져 있었다. 기차를 타고 오면 차량 정체 같은 걱정은 붙들어 매도 좋다. 곧바로 북천역에 내려 한들거리는 코스모스에 푹 빠져들면 그만이다.

코스모스 지천인 북천역

가을을 달리던 기차가 북천역으로 들어섰다. 아니나 다를까. 철로 옆 무더기로 피어난 코스모스가 제일 먼저 여행자를 맞이한다. 쇳소리를 내며 기차가 승강장으로 들어서자 사람들이 몰려들었다. 코스모스 철길에 기차가 들어서는 멋진 풍경을 카메라에 담기 위해 다들 분주했다.

북천역은 1968년 진주-순천 간의 경전선이 개통되면서 영업을 시작했다. 비록 역장과 역무원이 근무하는 기차역이지만 평소에는 찾는 이가 많지 않은 한산한 역이었다. 그러다 2007년 역무원들이 역과 그 주변에 코스모스와 메밀을 심으면서 찾는 이들이 늘어나고 급기야 '코스모스메밀꽃축제'가 열리는 유명한 관광지가 되었다. 지금은 코스모스역이란 이름을 내걸고 역사와 주변 지역을 코스모스로 꾸미고 있다. 코스모스로 치장한 역사를 빠져나와 철로를 따라 행사장으로 갔다. 하늘은 높았고 햇살은 따가웠다. 안내책자를 차양삼아 땡볕을 걸었다. 다리를 건너자마자 들판을 가득 메운 코스모스가 장관을 이룬다.

꽃 단지를 가로지르는 개울에도 가을이 담겼다. 짙푸른 하늘빛 아래 분홍빛 흰빛의 코스모스 둑길을 양산을 쓴 여인 하나가 걷고 있다. 모네의 〈양산을 든 여인〉 그림을 거꾸로 본 듯한 착각을 일으킬 정도로 강렬한 색채가 뿜어져 나왔다. 물빛이 만들어 낸 이 강렬한 색채에 끌려 한참을 우두커니 보고 있었다.

39만 6000m²에 달하는 코스모스 꽃 단지 들판은 끝없이 펼쳐졌다. 경전선 복선화 공사구간이 인접해 있어 다소 어수선했지만 하늘거리는 코스모스 물결을 보고 있노라면 그마저도 쉽게 잊힌다. 그런데 왜 코스모스는 분홍색 아니면 흰색일까. 여기에는 슬픈 이야기 하나가 전해진다.

코스모스역으로 불릴 정도로 북천역은 코스모스로 인해 다시 태어났다.

옛날 어느 언덕에 꽃보다 더 예쁘고 고운 소녀가 병약한 아버지와 살고 있었다. 소녀가 살고 있는 언덕 너머에는 젊은 나무꾼의 움막이 있었는데 둘은 때때로 언덕에서 만나 사랑을 속삭이며 행복한 시간을 보냈다. 한편 소녀의 집이 있는 언덕 밑 번화한 곳에는 건장하고 교만한 사냥꾼이 살고 있었는데 그는 어떤 여자라도 손에 넣을 수 있다는 생각을 가지고 있었다. 소녀의 아버지가 죽자 그는 소녀에게 결혼을 강요했고 소녀는 사랑하지 않는 사람과 결혼을 할 수 없다며 자신의 정절을 지키기 위해 일순간에 분홍색 꽃으로 변해버렸다. 소녀를 몹시 사랑했던 나무꾼도 소녀를 따라 흰 꽃으로 변해 버렸다. 두 사람이 변해 피어난 꽃이 바로 코스모스다.

코스모스Cosmos라는 속명은 그리스어로 질서, 조화의 뜻을 가진 Kosmos에서 유래했으며, 여덟 개의 꽃잎이 질서 있게 자리잡고 있는 데서 왔다고 한다. 이 꽃에 코스모스라는 이름을 붙인 사람은 1700년경 스페인의 마드리드 식물원장 카나미레스로 전해진다.

북천역에서 빼놓을 수 없는 곳이 '희귀 박 넝쿨터널'이다. 조롱박터널의 희귀 박들은 마을 어른들이 직접 달아 놓은 것이어서 그 정성을 오롯이 느낄 수 있다. 코스모스메밀꽃축제 때는 코스모스와 메밀꽃 외에도 각종 다양한 야생화들을 볼 수 있다.

초인적인 작가 이병주

축제장에서 나와 이명골짜기에 있는 나림 이병주 문학관으로 향했다. 2층으로 지어진 문학관은 깊은 산중에 있음에도 당당한 모습이다. 한국의 근·현대사를 배경으로 한 80여 권의 방대한 작품과 유품을 상설 전시하고 있다.

전시실에는 연대기 순서에 따라 작가의 생애와 작품 세계를 엿볼 수 있도록 관련 유품과 작품 등이 소개 글과 함께 전시되어 있다. 원형으로 구성되어 있는 전시실의 내용을 따라가 보면, 부산〈국제신보〉주필 겸 편집국장을 역임하던 때의 언론인 이병주의 모습과 마흔네 살 늦깎이로 작가의 길에 들어선 후 타계할 때까지 27년 동안 한달 평균 1000여 매를 써내는 초인적인 집필활동을 보여준 작가 이병주의 모습을 볼 수 있다. 이를 통해 그가 '기록자로서의 소설가', '증언자로서의 소설가'라는 평가를 받은 이유를 느낄 수 있다.

이외에도 강당과 창작실에서 여러 문학 관련 행사가 펼쳐지고, 넓은 마당에는 연못과 정자, 놀이터, 쉼터 등이 마련되어 있어서 자연과 함께 즐기는 다채로운 문학체험을 할 수 있다. 박물관 옆 그의 문학비에는 이렇게 적혀 있다.

"역사는 산맥을 기록하고 나의 문학은 골짜기를 기록한다."

박물관 앞마당을 거닐었다. 마당 끝으로 걸린 파란 하늘 아래로 낮은 능선이 물결치고 있었다. 산골 다랑논에도 온통 코스모스 지천이다. 꽃밭 가운데에 천막을 친 식당이 하나 보였다.
식당에는 도토리묵, 메밀묵, 메밀묵사발, 파전 등 먹을거리가 많았다. 그중 메밀묵사발과 메밀묵무침을 주문했다. 이윽고 나온 음식, 젓가락질 한 번에 기분이 좋아진다. 무맛에 가까운 메밀의 맛이 이렇게 좋을 수가, 부드럽게 넘어간다. 멸치 육수를 낸 국물에 채를 썬 메밀묵사발도 먹음직했다. 묵사발은 젓가락이 아닌 숟가락으로 국물과 같이 떠먹어야 제맛이다. 메밀묵무침과 묵사발 한 그릇에 느긋해졌다. 이제 기차역으로 다시 돌아가야 했다.
북천역으로 돌아가는 길가의 다랑논에는 코스모스가 가득 피어 있었다. 코스모스 축제를 하는 북천역과 행사장 일대보다 한갓진 이곳이 훨씬 좋다. 이곳에선 적어도 사람들의 아우성 대신 벌들의 윙윙대는 소리를 들을 수 있고, 잠자리가 한가로이 춤추는 모습을 느긋하게 지켜볼 수 있다. 무엇보다 이곳에선 가을이 깊어가는 소리를 들을 수 있다.
아이가 코스모스 한 송이를 꺾어 귀에 꽂았다. 하늘을 향해 코스모스가 하늘거린다. 큰길로 들어섰다. 차들이 씽씽 달리기 시작했다. 아랫마을에 들어서니 수십 마리의 개가 짖어댔다. 마을 옆 저수지엔 하늘이 담기고, 산이 담기고, 붉은 감이 담겼다. 저수지의 가을은 깊어갔다.

북천 코스모스 메밀꽃 여행

북천코스모스메밀꽃 축제는 2007년에 처음 열리기 시작해 매년 9월 말에서 10월 초까지 열린다. 경남 하동군 북천면 직전·이명마을 꽃단지 일원에서 열린다.

이병주문학관 055-882-2354에서는 이병주하동국제문학제가 열리는데 대개 북천 코스모스메밀꽃 축제기간 중에 열린다. 매주 월요일 공휴일 또는 연휴에는 익일과 1월 1일, 설날, 추석 당일에 휴관한다. 북천역에서 이병주문학관까지는 걸어서 20여 분이면 넉넉히 갈 수 있다. 축제 기간 동안에는 북천역에서 행사장, 문학관을 도는 셔틀버스가 운행되고 있다.

이병주 문학관은 대표작인 《지리산》과 작가의 모습을 담은 디오라마, 그리고 영상 자료들이 함께 있어 더욱 생생하고 입체적인 관람을 할 수 있다.

홀로 역 지키는 이 남자, 밤엔 별을 만나요

횡천역

　경전선 순천행 기차 2호실. 순간 눈이 마주쳤다. 아주 짧은 찰나. 그도 나를 훔쳐봤고 나도 고개를 갸웃거렸다. 어디선가 본 듯한데 그렇다고 해서 아는 척은 할 수 없었다. 누굴까? 궁금히 여기며 예약된 자리를 찾아 앉았다. 기차가 횡천역에 도착하자 그도 내렸다. '지난번에 통화했던 그 역장이 맞을까'라고 생각하고 있는데 마침 그가 먼저 아는 체를 했다.

전국에 하나 밖에 없는 '횡천역 도장'

전화기 너머로 들리던 목소리와는 달리 그는 생각보다 젊었다. 동그란 얼굴형에 귀여운 상을 가진 그는 한눈에 보아도 맑아 보였다. 정용태 횡천역 명예역장과의 첫 만남이었다.

서울에 사는 그와 만나게 된 건 코레일을 통해서다. 명예역장과 만나고 싶다는 요청에 코레일에서는 정용태 역장을 소개했다. 서울에서 직장을 다닌다는 그는 진주선이 복선화되면서 기차 시간표가 바뀌어 마침 횡천역에 내려올 계획이 있다고 했다. 망설일 필요 없이 한번 만나자고 하니 흔쾌히 응했다.

그는 수원이 고향이다. 하동 옥종면이 아버지의 고향인데 기차표를 줍는 등 어릴 적 뛰어놀던 다솔사역에 대한 추억이 없어진 것이 아쉬워 명예역장을 신청했던 것이다. 어느 날 다솔사 역 명판이 사라져 도둑맞은 줄 알고 수소문했더니 다행히도 진주에서 수리를 하고 있었다며 지난 이야기들을 하나씩 끄집어냈다.

현재 철도 동호회 'Rail+'의 동호회원인 그는 2009년부터 2011년까지 횡천역 명예역장이었다. 당시에는 승차 할인권 3, 40장이 주어졌고 제복까지 있었다고 한다. 물론 봉사가 기본이었다. 부전역에서 횡천역 유물을 전시도 하고 북천역 코스모스 축제도 1, 2주 정도 지원나갔다고 한다.

당시에는 전국적으로 40여 명의 명예역장이 있었다. 무료 봉사의 의미가 강했던 명예역장은 공식적으로 2011년에 끝났고, 2012년에는 임대를 통한 명예역장 제도가 있었는데 그마저도 흐지부지된 모양이다. 경전선만 해도 평촌·갈촌·낙동강·수영·완사 역 등에 명예역장이 있었다고 한다. 전라도 방면은 교류가 없어 잘 모르겠단다.

횡천역도 임대를 몇 번 시도했다고 한다. 만약 임대가 되지 않는다면 계속 활동

정용태 명예역장과 도난 방지를 위해 단단히 고정된 횡천역 스탬프

하고 싶은데, 횡천역의 존치 여부가 결정되면 훌훌 털어버리고 싶다고 넌지시 말했다.

서울에서 이곳 횡천역에 오면 그가 제일 먼저 하는 일이 스탬프를 손보는 것이다. 도난 방지를 위해 단단히 고정된 스탬프는 전국 어디서도 볼 수 없는 이곳만의 도장이다. 고무도장은 수원에 하나 더 있는데 다 닳으면 교체를 하기 위해서다. 기름칠을 하고 먼지를 털어내고, 이 작은 기계 하나에 그가 쏟는 애정은 각별했다.

다음에 그가 하는 일은 얼마 전 진주선이 복선화되면서 바뀐 기차 시간표를 수정하는 것이다. 2010년 4월에 제작하기 시작해 5, 6개월 만에 완성한 이 기계는 번개가 쳐도 끄떡없다. 정전 대비·데이터 보관·보호 장치·자체 배터리 등 단순하게 보이는 이 기계는 최고의 기술력이 집약된 장비다. 이 기계는 동호회에서 기증한 것인데 횡천역 내에는 철도 동호회에서 기증한 것들이 제법 많다. 경전선 노선도도 동호회에서 만든 것인데 KTX가 들어오는 등 변화가 생길 때마다 지우는 게 아니라 회색으로 색상을 조절한다고 했다.

횡천역은 2009년 9월 15일 역무원이 배치되지 않는 무배치 간이역이 되기 전만 해도 3, 4명의 역무원이 교대로 근무했다. 지금은 명예역장 정용태 씨가 한 달에 한두 번 역장일을 보는 한산한 간이역이 됐다.

피난선의 전설을 간직한 횡천역

횡천역에는 예전 다른 역에서 흔히 볼 수 없는 특이한 것이 있다. 피난선이다. 옛날 제동력이 낮은 기차가 다니던 시절의 이야기다. 양보역에서 횡천역으로 들어오는 철로는 경사가 워낙 심했는데, 미처 속도를 줄이지 못한 기차가 역사로 바로 진입하는 불상사를 막기 위해 700m의 피난선이 설치됐다. 기차 한 대가 긴급하게 올라설 수 있도록 산 중턱까지 철로가 이어졌다. 피난선은 몇 번 사용됐다가 기관차의 성능이 향상되고 제동력이 좋아지자 더 이상 사용하지 않게 됐다. 이 특이한 풍경도 2010년 5월에 철거되면서 사라졌다. 피난선은 전국에 4, 5군데 있었다고 한다.

가만히 보니 철로에 쓰는 돌도 달랐다. 예전에는 주로 강자갈을 이용했는데 지금은 깬 돌을 사용하고 있었다. 선로가 저중량에서 고중량으로 바뀌면서 생긴 현상이다. 횡천역은 또한 2, 3년마다 한 번씩 신문에 나기도 한다. 장마 기간이면 상습 침수구역이기 때문이다.

하동군 횡천면에 있는 횡천역은 양보역과 하동역 사이에 있다. 1967년 10월 5일 역사를 착공했으며 이듬해인 1968년 2월 29일 현재의 역사를 준공했다. 1968년

지금은 사라진 황천역의 피난선. 황천역에는 예전 경사가 심해 미처 제동을 하지 못한 기차가 피난했던 피난선이 있었다.

2월 7일 순천-진주 간 경전선의 개통식과 함께 영업을 시작했다. 횡천역의 역사 건물은 순천-진주 간 노선이 개통되면서 지어져 처음에는 다른 역과 건물 모양이 같았다가 편의대로 변경했다. 지금은 역사 내에 화장실이 있지만, 예전에는 역사 밖에 별도로 있었다. 예전에 인근 마을 주민들이 묘목을 가져와 역무원들과 함께 역내에 심곤 했다. 지금도 가끔 오가는 승객 중 자신이 예전에 심은 나무라고 당시의 사진을 보여주기도 한단다.

어스름이 내렸다. 기차를 타려는 사람들이 어둠 속에서 하나둘 나타났다.

"이곳엔 별이 엄청 많아요. 밤에 승강장으로 나가면 하늘은 온통 별빛이지요. 빌딩도 없고, 1970~80년대 예전 모습 그대로 간직한 이곳……, 조용해서 너무 좋아요. 그래서 이곳을 계속 찾게 되는지도 모릅니다."

기차 도착이 지연된다는 방송이 나왔다. 역내의 안내방송과 벨 알림은 하동역에서 제어된다. 횡천역도 지금 한창 공사 중인 광양-진주 간 철로가 복선화되면 어떤 운명이 될지 모르겠다. 장소를 옮겨 간이역 형태로 남는다고도 하고, 아예 기차역이 사라진다고도 한다. 어둠이 완전히 내리자 멀리 기차 불빛이 들어왔다. 기차에 몸을 실었다. 그는 끝까지 손을 흔들었고 나는 그의 모습을 카메라에 담으려 애썼지만 허사였다. 덜컹거리는 창밖에는 어둠만 남았다.

지리산 청학동 삼성궁

삼성궁 거북못의 단풍(좌)과 삼성궁 개천대제(우).

청학동은 옛날부터 지리산 곳곳에 있는 이상향의 한 곳으로 지명되기도 했지만, 한국 전쟁 이후 외부와 담을 쌓고 독특한 생활방식을 고집하며 사는 사람들의 모습이 매스컴을 통해 알려지면서 유명해졌다. 지금은 예절교육을 하는 서당들과 민속촌 같은 관광지가 되어 예전의 그 신비로움은 찾을 수 없다.

지리산 청학동에 있는 삼성궁은 묵계 출신인 한풀선사(강민주)가 1983년부터 33만㎡의 터에 고조선 시대의 소도를 복원하고 환인·환웅·단군을 모신 궁이라 해 '삼성궁'이라 이름 지었다. 해마다 단풍이 붉어지는 10월 중순경에 개천대제가 열린다. 거북못 일대는 삼성궁에서 단풍이 가장 아름다운 곳이다. 거북 모양의 바위가 연못 가운데에 있고 예쁜 연못 주위로 온통 울긋불긋 단풍이다. 연못가에 있는 찻집 아사달도 온통 붉다. 대개 10월 20일을 전후로 이곳에 가면 가장 화려한 단풍을 만날 수 있다.

☞ 경전선 하동역이나 횡천역에서 내려 버스를 타고 가면 된다. 하동버스터미널에서는 오전 8시 30분, 11시, 낮 1시, 오후 3시 30분, 저녁 7시에 청학동 가는 버스가 출발한다. 횡천역에서는 내려 5분 정도 면소재지까지 걸어가서 횡천마트 앞에서 버스를 타면 된다. 오전 8시 45분, 11시 15분, 낮 1시 15분, 오후 3시 45분, 4시 45분, 저녁 7시 15분에 청학동 가는 버스가 있다. 돌아오는 버스는 오전 9시 30분, 12시 40분, 낮 2시 20분, 오후 5시, 6시에 있다. 기사에게 반드시 확인하는 게 좋다.

"중국산이면 500배 변상해 드립니다"

하동역

하동역에 도착했다. 봄이면 역사가 온통 벚꽃으로 뒤덮이는 하동역의 가을은 한산했다. 철로변에 무더기로 피어난 코스모스가 가을빛에 하늘거린다. 2일과 7일에 전라도와 경상도가 만나는 하동읍내시장 오일장을 찾았다.

"중국산? 내가 싫어요. 먹어본 적도 없소."

하동역에 내려 읍내시장 입구에서 큰 통에 가득 담긴 재첩을 보며 여행자가 중국산이 아니냐고 물었더니 주인 이삼임 할머니가 부드럽게, 그렇지만 단호하게 말했다.

섬진강 재첩이 아니면 500배를 변상

'우리 업소에는 섬진강 재첩만 취급합니다. 만약 섬진강 재첩이 아니면 구입가격의 500배를 변제해 드립니다.'

가게에 들어섰을 때 제일 먼저 눈에 띈 문구였다. 이 정도로 자신감을 가지고 있는 가게라면 중국산 재첩은 말할 것도 없고 섬진강 재첩만을 취급한다는 주인의 말을 믿을 수밖에 없는데도, 재차 확인하려다 주인 할머니의 단호한 말에 그만 머쓱해지고 말았다.

'한다사 섬진강 재첩'. 시장에서 열에게 물어보면 열 모두 추천하는 곳이 이 집이다. 이삼임 할머니는 하동 화개에서 살다 30년째 하동읍에서 살고 있다. 종업원으로 보이는 사람들이 보기에도 수더분하여 누군가 여쭈었더니 모두 아들이고 딸, 사위란다.

식당 안에선 재첩을 포장하는 일로 바빴다. 남자 한 명이 삶은 재첩을 큰 통에 내오면 여자는 재첩과 국물을 적당한 비율로 섞어 조심스럽게 봉지에 담고, 또 한 남자는 기계로 봉지를 밀봉한다. 매일 저녁 10시부터 삶은 재첩들이다. 가격은 1봉지에 4000원, 작은 통 한 되는 1만 5000원, 큰 통 두 되는 3만 원이다.

재첩을 한 대접 그득 담아내더니 맛보라고 건넨다. 괜찮다고 사양을 해도 계속 권한다. 밖으로 나온 후에도 할머니가 다시 재첩을 한 사발 떠주며 먹으라고 했다. 지나가는 사람들에게도 아주 거리낌 없이 맛보게 했다. 인정은 넘치고 넘쳤다.

"지금도 하정마을에 가면 재첩이 배에 가득해요. 읍내에 있는 군청, 경찰서에서 선물용으로 사가는 것은 죄다 우리 가게 거요. 중국산 그거 작살도 못 써요. 재첩은 보통 30kg이 한 가마인데 8만 원에서 12만 원 정도 한

한다사 섬진강 재첩의 이삼임 할머니는 섬진강 재첩만을 고집한다.

다 말이요. 건데 중국산은 한 가마에 2만 원 정도밖에 안 해요. 국내산 열 가마면 중국산 서른 가마 넘게 나오요. 돈 보고, 욕심내고 하면 섬진강 재첩 고집하겠소. 돈은 안 되는데 마음은 편해. 밥은 먹고 사니께. 중국산 먹어 보지 않았어. 먹고 싶지도 않고 먹어봐야 맛을 알제. 내가 맛이 없어. 중국산 일 없어."

재첩은 주로 5, 6월이나 10, 11월에 잡는데 이때가 가장 맛도 좋다고 한다. 이 기간을 벗어나면 대개 알도 작고 맛도 쓰다. 재첩도 모래 속에 들어가 버리고 만다. 중국산과 국산, 특히 섬진강 재첩과는 껍질과 막으로 구분한다고 했다. 할머니는 일반사람들이 구분하는 것은 거의 불가능하다고 덧붙였다. 다만 섬진강 재첩은 모래에서 자라 씹을 때 지금거림이 있단다.

하동읍내시장 한복판 100년 된 우물

하동읍내시장 오일장은 소설 《토지》를 전면에 내세우고 있다. 섬진강 모래밭에 푹푹 빠지는 발만큼이나 허둥대던 사랑, 지금이라도 용이와 월선이가 장터 어딘가에서 불쑥 나타나지 않을까 싶을 정도로 장은 처음인데도 친숙하게 다가온다. 'ㅇㅇ미곡'이라고 적힌 싸전 고무 대야에는 곡물들이 그득하다. 맞은편 인도 끝에는 할머니들이 삼삼오오 줄을 지어 밭에서 따온 고추며, 호박이며 깻잎 따위를 팔고 있었다. 오일장은 일요일인데도 한산했다.

'하동공설시장'이라고 적힌 낡은 간판을 지나 시장 안으로 들어서자 제법 너른 공터가 나왔다. 시장 한복판에 있는 공터는 마치 광장 같아서 시장의 어느 방향으로도 갈 수 있게 길이 사방으로 나 있었다. 이곳에서 뜻하지 않은 것을 보게 됐다. 처음엔 원두막 모양이라 그냥 쉼터 정도로 여겼는데 가까이 가보니 지붕 아래로 우물이 보였다.

"우물요. 한 100년 넘었을 게요."

우물에 대해 묻자 할머니 두 분은 고개를 저었고 참기름 집에서 나온 사람이 아는 체를 했다.

"옛날 우리가 학교 다닐 때만 해도 두레박으로 퍼서 먹다가 상수도가 들어오고 하니 우물이 필요 있어요? 한 20년 전쯤인가 우물이 막혔지. 그러다 3, 4년 전에 시장 활성화를 위해 옛 모양 그대로 다시 복원을 한 거요."

잠시의 막힘도 없이 술술 말을 이어가는 것이 궁금해 무슨 일을 하느냐고 했더니 금방 나온 참기름 집을 가리키면서 "이 집 주인이요."라고 했다. 떡 방앗간도 같이 운영한다는 김주환 씨였다. 떡 방앗간도 참기름 집도 모두 '새시장'이라는 이름을 갖고 있었다.

아무래도 이야기하는 품이 예사롭지 않아 다른 일도 하느냐고 묻자 하동시장 번영회 회장이란다. 어이쿠, 회장님인 줄 모르고 죄송합니다, 라고 했더니 무슨 별말씀이냐며 펄쩍 뛰었다. 가게 안 한쪽 벽면에는 깨알같이 적힌 연락처가 보였다. 일종의 고객 명부인 셈인데 족히 수백 명은 됨직했다. 그가 마당발임을 단박에 알 수 있는 명부였다. 근데 저렇게 적어 놓으면 찾는 일도 예사가 아니겠다 싶었다.

"지금은 전부 중국산이요. 올해 깨 작황이 좋지 않아 국산은 씨가 말랐어."

참깨를 볶은 후 키질을 하듯 고무대야에 담긴 참깨 껍질을 바람을 이용하여 날리던 그가 말했다. 하동 읍내에서 태어난 그는 하동 토박이다. 자신이 회장으로 있는 번영회에는 모두 7명이 근무하고 있단다.

"예전 하동시장은 그 뭐시기냐. 전국에서 꼽는 3대 시장이었지. 한창 잘 나가던 때는 시장이 17만 평이었소. 건데 지금은 5만 6000평으로 3분의 1이나 줄어 버렸어. 오늘같이 토, 일요일이면 시장이 텅텅 비어 버려요. 그나마 월요일에서 금요일까지는 장이 잘되는데 주말이 되면 사람들이 전부 외지로 나가 버려요. 백화점이나 마트에 가는 거지."

하동시장의 면적은 1만 3625m^2이며, 연면적은 4781m^2인데 마치 시장을 포위하듯 사방에 마트가 있었다. 왠지 마음 한구석이 편하지는 않았다.
터미널의 승객이라고는 노인들뿐이었다. 시장 허름한 식당에서 칼국수 한 그릇을 맛나게 먹고 12시 40분 쌍계사 가는 버스에 올랐다. 악양 평사리를 갈 작정이다. 꽃잎 흐드러지는 봄의 왈츠는 없을지언정 가을이 깊어가는 소리쯤은 들을 수 있겠다 싶어서다.
섬진강을 옆구리에 끼고 달리던 버스가 어느새 악양 들판으로 들어섰다. 황금빛 들판 너머의 산기슭 마을에는 붉은 감이 주렁주렁 매달려 있다. 임금에게 진상했다는 악양의 특산물 대봉감이다. 대봉감은 이미 특허 출원이 되었을 정도로 당도가 뛰어나다. 올해만 110억 원의 매출을 올릴 것이라고 한다.

대봉감은 옛날 임금에게도 진상했다는 악양의 특산물이다.

강에서 안으로 푹 휜 악양 들판을 에두르던 버스가 정서리에 섰다. 입석마을쯤에서 내려 봉대마을을 지나 한산사로 향했다. 길가에는 둘레길을 알리는 표지목이 곳곳에 서 있었다. 멀리 부부송이 보인다. 소설이 현실이 된 평사리에서 이 부부송은 이젠 서희와 길상의 나무가 되었다. 봄에는 자줏빛 자운영이 온 들판을 뒤덮는데 오늘은 분홍색, 하얀색의 코스모스가 황금들판의 가장자리를 메운다.

평사리를 멀찌감치 두고 한산사 가는 길을 잡았다. 차로 5분이면 갈 거리를 느릿느릿 걸어가니 길은 쉬이 끝나지 않는다. 아직은 볕이 강해 땀이 주르륵 흘러내린다. 도로 한쪽으로는 탈곡을 한 벼가 널려 있다. 부지런히 당그레질을 하는 농부의 손이 바쁘다. 관광객들이 이리저리 헤집고 다녀 반들반들해진 산비탈 밭에도 가을 일이 한창이다. 날씨가 추워지기 전에 잠시의 짬이라도 부지런히 손을 놀려야 한다.

한 30여 분 지났을까. 전망대가 보였다. 이곳에선 부부송을 가운뎃점으로 악양 들판이 한눈에 들어온다. 탁 트인 시야가 시원하다. 세 차례의 태풍이 지났음에도 들판은 황금빛이다.

강의 동쪽에 있어 하동이라 불리는 고을에 있는 이 악양 땅은 중국의 지명을 본떠 붙여진 이름이다. 들판 한쪽으로 동정호가 보인다. 소정방이 중국의 동정호와 비슷하다 하여 이름 붙였다는 다소 먼 이야기가 전해진다.

한산사에 올랐다. 전망대 바로 뒤에 있음에도 이곳은 찾는 이가 없다. 고소산성은 오르지 않더라도 한산사에는 꼭 가볼 일이다. 한산사 산신각 댓돌에 앉아 풍경소리를 들어보라. 악양 너른 들판과 능선물결, 굽이치는 섬진강을 내려다보며 풍경소리에 깊이 침잠해보라.

한산사를 내려와 최참판댁으로 향했다. 허구가 현실이 된 평사리엔 최참판댁과

최참판댁 사랑채에는 명예 참판이 글을 읽고 있다.

용이네 집, 칠성이네 집, 김훈장댁…… 소설 《토지》의 마을이 그대로 재현되어 있다. 관광지가 된 평사리에서 최참판댁 누마루에 잠시 올라 악양 들판을 둘러보고 곧장 마을로 나와 상평, 하평 마을의 오롯한 돌담길을 걸었다. 어느 시인은 이 돌담길을 '어머니 눈웃음 닮은 돌각담 길 조븟조븟 나 있다'고 했다. '끊어진 세상의 길을 잇는 저렇게 예쁜 돌각담'에 오늘은 앵두꽃 대신 노란 탱자가 알알이 불을 밝힌다. 가을햇볕 한 줌 돌각담에 들어섰다. 3시 20분, 봉대리 정류장에서 하동 가는 버스를 기다렸다.

한산사 산신각 댓돌에 앉아 풍경소리를 들어보라. 악양 너른 들판과 능선물결, 굽이치는 섬진강을 내려다보며 풍경소리에 깊이 침잠해보라.

> 전라도와 경상도를 잇는 시장은 옛말, 소설 토지 하동읍내시장

소설 《토지》를 내세우고 있는 하동읍내시장.

하동시장은 조선말까지 만해도 전주시장, 김천시장과 함께 영남의 3대 시장으로 꼽혔다. 지리산과 남해 그리고 섬진강이 바로 곁에 있는 하동장은 지리산의 산나물과 약재, 남해의 해산물, 섬진강의 민물고기 등이 주를 이루고 있다. 특히 녹차·감·밤·매실 등 하동의 특산물이라 할 수 있는 것들이 주로 거래된다. 2일과 7일에 장이 선다.

화개장터와 불일폭포 가는 길
화개장터와 가까운 쌍계사에는 최치원의 사산비명 중의 하나로 금석문 중의 으뜸으로 꼽는 쌍계사 진감선사대공탑비와 절로 빙그레 미소 짓게 하는 마애불이 있다. 불일폭포 가는 길 국사암 오솔길은 300m 남짓의 짧은 길이지만 지리산에서 가장 아름다운 숲길 중 하나로 손꼽힌다. 불일폭포까지는 2.5km, 1시간 30여 분이면 이를 수 있다.
한때 청학동으로 불리던 불일평전과 높이 60m의 불일폭포, 인간의 세상과는 한번도 접촉하지 않았을 듯한 불일암, 고대高臺에 있는 승탑도 한 코스로 이어진다.

쌍계사 마애불(좌)과 국사암 오솔길(가운데). 불일폭포(우).

> **PLUS** 사진으로 보는 경전선①의 역사 驛舍

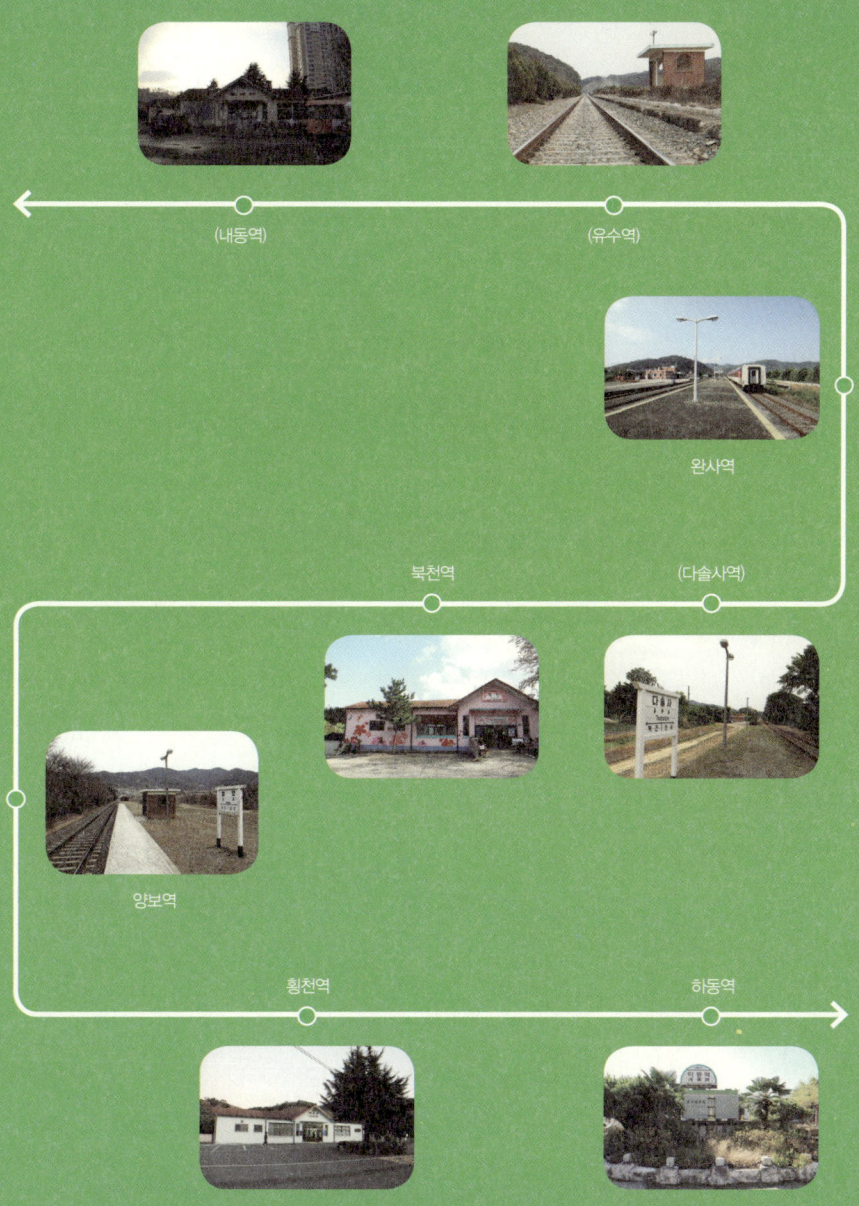

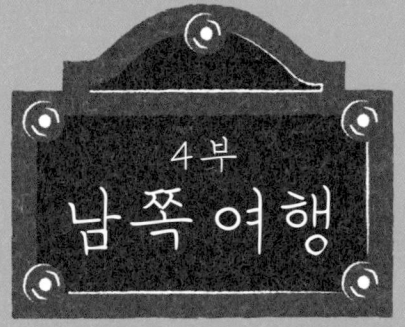

4부
남쪽 여행

경전선② 1968

바람이 드센 데다 날씨마저 제법 쌀쌀해 포구의 거리는 한산했다. 그럼에도 이따금 포구를 찾은 관광버스에서 수십 명의 사람들이 우르르 내렸다 횟집 안으로 사라지길 반복했다.

'농부네 텃밭 도서관'을 아시나요

진상역

진상역에서 내려 면 소재지 장터를 지나 제법 너른 시내가 흐르는 다리를 건넜다. 산 아래로 옹기종기 모인 몇 채의 집들이 아늑하게 마을을 이루고 있었다. 얼마쯤 가니 길 왼편에 공사판 철제로 만든 듯한 '농부네 텃밭 도서관'이라고 적힌 푯말이 길가에 우두커니 서 있다. 사실 이곳을 찾은 데에는 특별한 이유가 있어서가 아니다. 그저 진상역을 여행하면서 인근에 갈 만한 곳이 없나 싶어 지도를 보던 중 '텃밭 도서관'이라는 이색 단어에 눈길이 갔던 것이다.

농부네 텃밭 도서관에는 '오지게 사는 촌놈'이 있다.

"도서관여행이라고 책만 보고 가는 게 무슨……"
도서관은 마을 안쪽에 있었다. 창고로 쓰는 건물에 선거 벽보와 함께 내걸려 있는 '오지게 사는 촌놈'이라고 적힌 현수막을 보자 이곳이 텃밭 도서관임을 단박에 알아챌 수 있었다. 아기자기하게 꾸며놓은 농장 입구로 들어서니 왼편이 바로 도서관이다. 조심스럽게 출입문을 열자 양탄자가 깔린 길쭉한 서재가 나타났다. 양쪽 벽으로 길게 늘어선 서재에는 책들이 빼곡히 꽂혀 있었고 앞과 옆으론 창이 나 있어 햇볕이 강하게 내리쬐었다.

"천천히 보시고, 나중에 김장김치에 밥도 먹고 가요."

살며시 문을 여는 소리에 고개를 돌렸더니 주인인 듯한 사내가 한마디 건네고는 사라졌다. 잠시 후 다시 나타난 그가 서재 옆문을 열쇠로 열었다.

"원래 이곳은 평소에 열어두는 곳이 아닌데 멀리서 왔으니 보여드리지요."

무슨 특별한 게 있나 싶어 따라서 문을 들어섰다. 놀랍게도 눈앞에 박물관 같은 전시공간이 나타났다. 오래된 풍금과 네 발 달린 여닫이 텔레비전, 녹슨 다리미, 교복과 가방, 재봉틀, 똥장군, 지게, '공상'으로 불렸던 탈곡기 등 추억의 물건들이 죄다 이곳에 모여 있었다.

이곳의 주인 서재환 관장이 처음 도서관을 연 것은 30여 년 전의 일이었다. 마을에서 운영하다 10년 전쯤 이곳으로 옮겨왔다. 그때만 해도 지금의 전시공간까지 도서관으로 쓰였을 만큼 규모가 커서 보유하고 있던 책이 3만여 권에 달했는데 계속 줄어들었단다.

마을에서 운영할 때는 도서관이 면소재지 학교 앞에 있기도 하고, 도서관이 활성화되어 각종 상을 받기도 했다. 당시만 해도 시골에선 책 외에는 특별한 문화놀이가 없어 도서관이 각광을 받았다. 그렇다고 해서 가만히 앉아 있었던 것만은 아니다. 시골에서의 유일한 운송수단이었던 경운기에 책을 가득 싣고 이 마을 저 마을을 돌아다니며 독서를 권장하기도 했다.

서 관장은 아이들이 마음껏 뛰어놀 수 있는 놀이문화를 강조했다.

"여기까지 와서 책만 보고 가면 그게 무슨 제대로 된 도서관 여행이겠소. 책이 있는 도서관이라고 해서 기차 타고 도시락 싸서 유치원에서 많이들오는데 아이들에게 하루 종일 책만 보게 하고 돌아가는 선생님들이 있어요. 요즘같이 정보와 책이 넘치는 시대에 이런 시골까지 와서 책만 본다면 무슨 의미가 있겠어요. 뛰어놀아야죠. 저기 배도 저어보고 마당에서 뛰어놀고 우물에도 가보고 풀도 만져보고 하면서 글을 써야 제대로 된 글이 나오지 않겠어요."

꽁지를 단단히 묶은 머리에 흰 머리카락이 한 올 한 올 올라간 그는 강단진 인상이었다. 체육복에 털신을 신은 수수한 차림이었지만 부드러운 미소를 띤 그의 얼굴엔 어떤 결기 혹은 다부짐이 엿보였다. 그의 말은 최초의 생태주의자, 환경론자로 불리는 아메리카 인디언의 자연관과 너무나 흡사했다.

"우리 라코타 족 인디언들에게는 모든 생명체가 인격을 갖추고 있었다. 오직 모습만 우리와 다를 뿐이었다. 모든 존재들 속에 지혜가 전수되어 왔다. 세상은 거대한 도서관이었으며, 그 속의 책들이란 돌과 나뭇잎, 실개천, 새와 짐승 들이었다. 그들은 우리와 마찬가지로 대지의 성난 바람과 부드러운 축복을 나눠가졌다. 자연의 학생만이 배울 수 있는 것을 우리는 배웠으며, 그것은 바로 아름다움을 느끼는 일이었다."

— 류시화의 《나는 왜 너가 아니고 나인가》 중에서. 갓난아기 시절에 라코타 부족에게 키워진 테톤 수우족 출신의 인디언 '서 있는 곰'이 한 말.

서 관장에게 있어 도서관이란 이미 자연 그 자체였다. 자연이라는 도서관 안의 '돌과 나뭇잎, 실개천, 새와 짐승 들'이 그에게는 책이었다. 그의 도서관에는 원

각종 추억의 생활도구들. 텃밭 도서관에는 원두막과 식물원·연못·텃밭 등이 있어 아이들이 오면 언제든 마음껏 뛰어놀 수 있다. 빼곡히 책이 꽂혀 있는 서재(위)와 추억의 물건들(가운데), 도서관 인터넷카페 회원들이 김장을 담그고 있는 모습(아래).

두막과 식물원·연못·텃밭 등이 있어 아이들이 오면 언제든 마음껏 뛰어놀 수 있도록 되어 있다.

오지게 사는 촌놈, 경운기 몰고 서울 가다

"저 경운기 서울 갔다 온 경운깁니다."

연못가의 경운기를 신기해하자 농장의 한 젊은이가 말했다. 서울까지 가는 데 1주일이 걸렸단다.

"그때가 2007년이었지요. 소나무도 베어내고…… 마을 산에 공장이 들어선다고 했는데 정체를 알 수 없었지, 우리는 알고 있었지만…… 말하고 싶지 않아요."

서 관장은 서울에 갔었다. 억울한 심정을 알리기 위해 경운기 가득 책을 싣고 1주일 꼬박 걸려 서울에 갔었다. 4, 5년 싸워서 막아냈지만 그때의 상처가 아직도 깊은 모양이다. 난로 뚜껑이 열리자 잠시 어색했던 침묵이 깨졌다. 서 관장이 군고구마를 내왔다. 작업장 안 난로에 넣어 두었던 군고구마에선 김이 모락모락 피어났다.

그는 2007년 11월 광양을 출발하여 순천, 임실, 전주, 대전, 청주, 천안, 오산, 수원, 안산을 거쳐 서울 홍익대까지 경운기를 몰고 갔다. 가는 길에 도착하는 곳마다 '경운기 도서관'을 열고 책 교환행사를 갖고, 내려올 때는 대구와 부산을 거

짐칸에 책을 가득 실은 경운기 도서관은 한때 서울까지 갔다
온 적이 있다.

쳐 다시 광양으로 돌아왔다.

그가 500km가 넘는 거리를 경운기를 끌고 간 이유는 마을에 폐타이어 소각로 제조공장이 들어선다는 소식 때문이었다. 공장이 들어서면 아이들의 쉼터가 망가진다. 그는 공장이 들어서는 걸 막기 위해 문화행사도 하고, 천막농성도 하고, 행정기관에 수없이 항의도 해봤지만 소용없었다. 누군가 크게 다치지 않기를 바랐던 그는 결국 결심했다. 이 사실을 국민들에게 알리고 공장대체부지 기금 마련을 위해 서울까지 경운기를 몰고 가기로.

'미련한 사람들의 우직함이 세상을 조금씩 바꿔나갑니다. 보이지 않는 곳에서 묵묵히 세상을 일구어나가는 당신을 우리는 뒷골목 선지식이라고 부릅니다.'

도서관 한 구석, 서 관장이 받은 감사패에 적힌 문구가 선연하게 들어온다. 비록 거창하고 세련되지는 않은, 소박하고 투박한 텃밭 공간이지만 세상 어디보다 아름다운 공간이었다. 이곳, 적어도 여행자에겐 그랬다. 작지만 큰 공간 '농부네 텃밭 도서관'은 진상역에서 1km 떨어진 시골마을에 있다.

소고기 구워먹는 간이역, 진상역

하동역에서 섬진강을 건너면 처음 정차하는 간이역이 진상역이다. 1968년부터 역사로 쓰던 이곳은 2004년 무배치 간이역이 되었다가 2009년에 정육점 겸 한우식당이 들어서면서 일대 명소가 되었다.

처음 무인역이 되었을 때 근처에 학교도 있어 방치하면 우범지대가 될 수도 있어 여러 논의 끝에 진상면 농업경영인연합회와 청년회에서 식당을 시작했다. 그러다 1년 만인 2010년부터 지금의 주인 양승래 씨가 임대해 운영하고 있다. 이곳 토박이인 양씨는 전라도와 이곳 광양 일대의 한우암소만 쓴다고 했다. 품질은 최상이라고 자부했다.

소 잡는 날과 도축일자가 적혀 있으며 '한우 암소가 아닐 경우 100% 보상해 드립니다'라고 적힌 현수막도 걸려 있다. 가격은 인근의 식당에 비해 3분의 1이나 4분의 1 정도 싼 편인데, 중간유통을 없애고 도축장에서 바로 가져오기 때문이란다. 2015년 진주 광양 간 철도가 복선화되면 지금의 역 아래로 신역이 생기는데 그렇게 되면 이 역도 어떻게 될지 운명을 알 수가 없다. 정육점에서 고기를 산 후 옆의 식당으로 가서 고기를 구워먹으면 된다. 매화축제 때에는 진상역 앞 광장에서 다압 매화마을로 가는 버스노선이 연결된다.

진상역에서 파는 소고기와 국밥.

한우식당으로 운영되는 진상역과 이곳 토박이로 정육점을 운영하는 양승래 씨.

윤동주의 유고,
이곳에 숨겨져 있었다

옥곡역

기차가 떠난 승강장에 혼자 남았다. 역 광장에 덩그러니 놓인 빨간 우체통 하나. 오랜 풍경이 반가우면서도 쓸쓸하다. 포구로 가는 버스는 좀처럼 오지 않았다. 도로를 건너 동네 슈퍼에서 버스 시간을 물었다. 휴일이라 버스가 대중없다고 했다. 모자를 뒤집어쓰고 추위에 떨길 30여 분, 결국 걸음을 옮겼다. 소재지로 가서 택시라도 잡아탈 요량이었다. 언덕 위 초등학교 정문에 벚꽃이 후드득 지기 시작했다.

그리운 남쪽, 벚꽃 지는 망덕포구의 봄

50여 분을 기다린 끝에 도착한 버스는 30분이 채 지나지 않아 낯선 포구 입구에 내려줬다. 출발할 때 세 명이었던 승객은 이미 내리고, 혼자 남았다. 기사는 종점인 포구까지 갈 거냐고 물었지만 그냥 걷겠다고 했다. 거센 바람에 벚꽃 잎이 이리저리 날렸고 메마른 잿빛 갯벌에는 어선이 두어 척 보였다.

포구를 빙 둘러싼 벚나무 뒤로 봉긋하게 솟은 산이 보였다. 백두대간의 출발지이자 종착지로 알려진 망덕산이다. 그 아래 있는 망덕포구는 그 옛날 사람들이 섬진강을 거슬러 다압, 구례, 곡성으로 가는 길목이다. 광양만을 한눈에 파수把守할 수 있는 곳이라 하여 '망뎅이'라 이름 했는데 한자의 음을 빌려 망덕望德이라 표기했다. 왜적의 침입을 망보았다는 데서 유래했다는 설과, 전북 덕유산을 바라보고 있다는 데서 유래했다는 설도 있다.

진남루에 올라 망덕포구를 내려다보았다.

> 내 고향 망덕포구 새 우는 마을 / 울고 웃던 그 시절이 하도 그리워 / 허둥지둥 봄바람에 찾아왔건만 / 님은 가고 강 언덕에 물새만 운다

노래비에 적힌 강석오가 작사·작곡했다는 〈내 고향 망덕포구〉 노랫말을 흥얼거려본다. 바람은 여전히 매서웠고 가을이 아닌데도 갈대의 서걱거리는 소리가 귀청을 때린다.

말발굽모양의 포구를 한 바퀴 빙 둘러보고 벚꽃 가로수 길을 걸어 바다처럼 탁 트인 강의 바깥 포구로 나갔다. 바다 같은 섬진강과 호수 같은 광양만이 남해로 흘러가는 망덕포구는 민물과 바닷물이 섞여 있는 기수汽水지역이다. 전어, 장어,

망덕포구에는 이 일대가 전어의 본고장임을 알리는 전어 조형물 '망뎅이'가 있다.

어른 손바닥보다 더 큰 '벚굴'은 섬진강의 명물이다.

백합, 벚굴, 재첩이 유명해 사시사철 바다의 진미를 맛볼 수 있는 곳이다.

전라북도, 전라남도, 경상남도 등 3개의 도를 굽이굽이 돌아 550리 물길을 내달린 섬진강이 바다와 만나는 이곳의 풍성한 어장은 전어철에 절정을 이룬다. 전어철인 가을이 되면 두 척의 배가 한 선단船團으로 짝을 맞춰 바다로 나가 전어를 잡는다. 지금은 금호도와 태인도를 막아 광양제철소가 들어섰지만 예전엔 이곳 망덕포구를 중심으로 겨울철 김 양식과 가을철 전어잡이가 흥했다.

전어잡이 배를 띄우고, 만선의 기쁨을 구성지고 흥겨운 가락의 전어잡이 노래로 흥을 돋웠다. 지금도 전어잡이소리보존회에서 그 명맥을 이어가고 있다. 정작 노래가 전승되고 있는 곳은 이곳이 아니라 경남 사천 마도의 갈방아소리와, 이곳에서 섬진강을 조금 더 거슬러 올라가면 있는 진월면 신아리 신답마을의 진늘린가래소리와 농악인 풍장소리다.

전국에서 처음으로 전어를 활어로 개발한 곳도 이곳 망덕포구다. '집 나간 며느리도 돌아오게 한다'는 말이 전해져 내려올 만큼 고소한 맛을 가진 가을철 별미 전어는 망덕포구의 대표 어종이다. 그래서 망덕포구 가운데 갯벌에는 전어의 본고장임을 알리는 거대한 전어 조형물인 '망뎅이'가 설치돼 있다. 지금도 해마다 9월이면 이곳 포구 일대에서 전어축제가 10년 넘게 성대하게 열리고 있다.

포구를 따라 제법 장하게 늘어선 벚나무에서 벚꽃이 하나둘 떨어지기 시작했다. 절정의 흐드러진 벚꽃도 이제 며칠 후면 사라질 테고 그 자리엔 푸른 잎이 돋아나겠다. 벚꽃이 피고 지는 이맘때 이곳 섬진강 하구에는 전국의 내로라하는 식도락가들이 모여든다. 바로 벚굴 때문이다.

섬진강이 벚꽃 향기로 가득 차면 강물 아래서도 벚꽃처럼 화려한 자태를 뽐내는 것이 벚굴이다. 망덕포구에 즐비한 횟집들에서도 너나 할 것 없이 벚굴 현수막을 내걸었다. 바람이 드센 데다 날씨마저 제법 쌀쌀해 거리는 한산했다. 그럼에도 이따금 포구를 찾은 관광버스에서 수십 명의 사람들이 우르르 내렸다 횟집 안으로 사라지길 반복했다.

윤동주 유고가 숨겨졌던 정병욱 가옥

죽는 날까지 하늘을 우러러
한점 부끄럼이 없기를,
잎새에 이는 바람에도
나는 괴로워했다.
별을 노래하는 마음으로
모든 죽어가는 것을 사랑해야지
그리고 나한테 주어진 길을
걸어가야겠다.

오늘 밤에도 별이 바람에 스치운다.

- 윤동주의 〈서시〉

연희전문시절의 윤동주(좌)와 정병욱(우).

눈앞에 너른 공터가 나타났다. '남해수협중매인 70번'이라고 적힌 간판 아래 부원수산이라는 글자가 또렷했고, 그 옆으로 남해횟집 주차장이라고 적혀 있었다. 텅 빈 공터인데도 공장의 기계소리는 요란했다.

공터 옆 낡은 집 한 채가 오도카니 시간을 비켜 서 있었다. 시인 윤동주의 〈하늘과 바람과 별과 시〉 원고를 숨겨두었던 정병욱^{국문학자 1922~1982} 가옥이다. '대한민국 근대문화유산 등록문화재 제341호 윤동주 유고 보존 정병욱 가옥'이라고 적힌 명패만 아니었다면 포구에 있는 무슨 낡은 공장쯤으로 여겼을 것이다. 낡은 양철지붕을 한 오래된 창틀에 몸을 바짝 붙였다. 그러곤 눈을 댄 채 건물 안을 흘깃흘깃 훔쳐보다 건물 옆 묵직한 철문을 조심스레 열었다.

굳게 가로지른 철문의 빗장을 열자 날카로운 쇳소리가 귀를 자극한다. 가옥은 쓰러지기 일보 직전이다. 사람의 흔적이라고는 느낄 수 없는, 폐가로밖에 보이지 않았다. 어디에도 문화재라고 느낄 만한 것은 없었다. 1925년에 지어진 이 가

윤동주의 유고 《하늘과 바람과 별과 시》가 숨겨져 있었던 정병욱 가옥 전경(위)과 마루(아래).

옥이 사람들의 입에 오르내린 것은 윤동주1917~1945 시인의 유고가 보존되었던 곳이기 때문이다. 만약 이곳이 없었다면 우리는 '죽는 날까지 하늘을 우러러 한 점 부끄럼이 없기를, 잎새에 이는 바람에도 나는 괴로워했다'를 영원히 몰랐을 수도 있었다.

그럼, 어째서 윤동주 시인의 유고가 이곳 외진 포구에 보존되었던 것일까. 윤동주 시인은 연희전문학교를 졸업하던 1941년 자선시집 《하늘과 바람과 별과 시》를 발간하려 했으나 여의치 않자 자필원고를 하숙집 후배였던 정병욱에게 맡기고 일본 유학을 떠나게 된다. 윤동주는 세 권의 자필원고를 만들어 한 권은 자신이 갖고, 나머지 두 권을 은사였던 이양하 교수와 정병욱에게 각각 맡겼다.

정병욱은 학병에 끌려가기 전 어머니에게 이 원고를 소중히 보관해줄 것을 당부하며 혹 자신이 죽을 경우 연희전문학교 교수들에게 갖다 줄 것을 당부했다. 어머니는 혹시 있을지 모를 일제의 수색을 피해 마루 밑에 원고를 숨겼다. 그 와중에 일본에서 유학 중이던 윤동주 시인은 1943년 항일운동 혐의로 일본경찰에 검거되어 1945년 2월 후쿠오카 형무소에서 옥사하게 된다.

마루 밑에 보관돼 있던 원고는 해방을 맞아 정병욱이 다시 찾게 되고, 시인의 유고는 1948년 정병욱과 윤동주의 동생 윤일주에 의해 다른 유고와 함께 《하늘과 바람과 별과 시정음사, 1948》라는 한 권의 시집으로 세상에 모습을 드러내게 된다. 만약 유고가 이곳에 보존되지 않았다면 오늘날 널리 애송되는 그 유명한 〈서시〉〈자화상〉〈별 헤는 밤〉 등 시인의 대표작은 영원히 그 존재를 알 수 없었을 것이다.

2007년 한 지역 언론이 보도하면서 이러한 사실이 알려지고 이 가옥은 근대문화유산으로 등록됐다. 이 가옥은 정병욱의 부친이 지은 건물로 양조장과 주택을

겸한 건물이다. 요즈음은 보기 힘든 1920년대 점포주택이다. 일제강점기 암흑기의 어두운 문학사를 밝힌 저항의 등불로 평가되는 시인의 유고를 보존했다는 문학사적인 의미도 크지만 건축사적으로도 의미가 있는 건물이다. 또 정병욱 교수가 판소리와 한글을 연구한 장소로도 알려져 있다. 정병욱은 평소 자신의 가장 큰 보람으로 '윤동주의 시를 간직했다가 세상에 알린 일'이라고 말하곤 했다고 한다.

먼지 수북이 쌓인 그늘진 마루 대신 마당 가운데 놓인 댓돌에 앉았다. 햇빛이 넘쳤다. 이따금 포구에서 불어온 세찬 바람이 양철문을 두드렸다. 문을 꼭 닫았다. 덩그러니 놓인 두어 개의 절구와 장독 너머로 누군가 가꾼 텃밭이 보였다. 수선화가 몇 송이 꽃을 피웠다. 노랗다. 담장 아래엔 붉은 동백이 검푸른 잎 사이를 뚫고 피어났다. 도시락을 꺼냈다. 다시 건물을 훑어본다. 기둥의 오랜 옹이는 이 집이 백년 가까이 순탄치 않게 살아왔음을 말해주는 듯했다.

시간이 비켜선 풍경, 섬진강 하구 배알도

다리를 건너 태인도를 걷는다. 여전히 바람은 드세다. 550리 섬진강 물은 남해의 푸른 바다로 느긋하게 들어갔다. 예전 태인도 사람들은 이곳 배알도에서 배를 타고 하동을 갔다고 한다. 태인도에 들어서자 명당임을 알리는 표지판이 자주 보였다. 배알도는 강 건너 망덕산을 향해 절을 하는 형상이라 하여 얻은 이름이다.

이곳에는 시간이 비켜선 풍경이 있다. 오랜 시간 강물과, 바람과, 햇살과, 갯벌과, 모래가 빚어낸 풍경에 서너 척의 배가 백사장에 그대로 멈춰 있다. 바다 같은 섬진강이 잠시 머뭇거리는 사이, 모래는 옥 같은 섬 하나를 빚어내고 옥이 되

망덕포구에서 태인도로 건너가는 다리에서는 섬진강 하구와 배알도해수욕장 풍경이 한눈에 들어온다.

지 못한 모래는 스스로 강변에 머물기를 자처했다.

배알도는 물이 들어오면 섬이 되었다가 물이 빠지면 뭍이 된다. 아니 물이 빠져도 끝내 뭍이 되지 못하고 또 하나의 큰 섬에 속할 뿐이다.

강인지 바다인지 구분이 안 되는 백사장은 1940년경 망덕리해수욕장으로 불리다 점차 백사장이 줄어들자 1970년대 말에 폐장되었다가 1990년에 배알도해수욕장이라는 이름으로 다시 개장을 했다. 그러나 수영은 여전히 할 수 없고 다만 해변공원으로 활용되고 있을 뿐이다.

섬 주위를 둘러싸고 있는 경치가 아름다운 데다 잘 알려지지 않아 한적하기 이를 데 없는 이 모래밭을 혼자 걸으니 시간마저 비켜선 듯하다. 광양시에 하나밖에 없는 이 해수욕장은 오늘도 사람 두서넛 오갈 뿐이다.

우리나라에서 처음으로 김을 양식했다는 '광양 김시식지'

궁중에 진상까지 했다는 광양 김. 광양은 한때 전국 최대의 김 생산지로 이름을 날렸지만 광양제철소가 들어서고 태인도가 육지화되면서 이제 광양 김은 사라졌다. 광양시 태인동 궁기마을에는 우리나라에서 최초로 김을 양식한 김여익의 공을 기리는 영모재가 유일하게 이곳이 김이라는 음식문화의 발상지임을 기념하고 있을 뿐이다.

태인도에서 처음으로 김을 양식했다는 기록은 1714년 광양현감 허심이 김여익의 업적을 기린 묘표의 비문에 나타난다. 묘표는 영모재에 보관되어 있으며 전시관에서 그 사본을 볼 수 있다. 비문에 따르면 김여익은 병자호란 때 의병을 일으켰으나 청주에 이르러 왕이 항복했다는 소식을 듣고 통곡을 하면서 낙향하여 3년여 간 떠돌다 장흥을 거쳐 이곳 태인도에 들어와 김을 시식하며 살았다고 한다. 비문에는 '김을 처음 양식했고, 또한 김 양식법을 창안했다始稙海衣 又發海衣'라는 글귀가 기록되어 있다. 그는 산죽이나 밤나무를 이용한 섶꽂이 등의 김 양식법을 창안하여 보급한 것으로 알려져 있다. 광양 사람들은 김의 옛말 '해의'를 '김'이라고 부르는 것은 김여익의 성씨를 본 딴 것으로 믿고 있다. 김여익이 김 양식법을 고안한 것은 이곳에서 사는 동안인 1640년에서 1660년까지이다. 완도 · 조약도의 김유몽, 완도 고금면의 정시원의 해의 시식설보다 빨리 시작되었다고 한다.

☞ 망덕포구정병욱 가옥는 옥곡역정류장이나 진상역 앞 진상정류장 혹은 항만물류고정류장에서 17번 버스를 타면 된다. 배알도와 광양 김 시식지는 망덕포구에서 11번 버스를 타거나 4km 남짓 걸어서 갈 수 있다.

김시식지 역사관 내부 김여익 공의 영정과 묘표(좌), 광양오일장의 김(우).

먼지 수북이 쌓인 그늘진 마루 대신
마당 가운데 놓인 댓돌에 앉았다.
햇빛이 넘쳤다.
수선화가 몇 송이 꽃을 피웠다.

글을 아는 이,
사람 구실
참으로 어렵구나!

광양역

섬진강을 건너 따스한 햇살을 간직한 고을, 광양에 왔다. 전국에서 가장 먼저 봄소식을 전하는 매화의 고장, 봄의 전령지로 불리는 이곳의 햇살은 나른했다. 밤새 내린 눈이 한낮의 볕에 녹았다가 다시 얼어붙은 것처럼 온통 하얀 비닐하우스가 백운산에 둘러싸인 읍내까지 끝없이 펼쳐졌다. 지도를 펼쳤다. 읍내 외곽에 있는 광양역을 벗어나려면 일단 벌판의 칼바람은 실컷 마실 각오가 되어 있어야 했다. 오늘은 멀리 산기슭을 가로지르는 남해고속도로 아래쪽으로 서천과 동천에 둘러싸인 광양 읍내를 걸을 생각이다.

삼십 년 묻혀 살면서 덕을 키웠을 뿐

어디를 먼저 가야 할지 고민하다 일단 광양읍에서 가장 멀리 떨어진 곳부터 가기로 했다. 하루 종일 걸을 때는 가장 멀리 있는 곳에서 출발하여 중간중간 기웃거리다 역으로 돌아오는 방식이 좋다. 일단 백운산 쪽의 외곽은 아예 제쳐두고 읍내 주위를 물색했다. 걸을 수 있는 적당한 거리 중에서 매천 황현1855~1910 생가와 매천역사공원이 가장 멀리 있었다.

고속도로 아래 굴다리를 지나니 햇살 넘치는 산자락에 안긴 작은 마을이 나왔다. 능선에 꽂힌 두 기의 철탑만 아니었다면 한없이 포근했을 마을 입구에 매천 황현 선생의 생가와 묘소를 알리는 갈색 푯말이 어지러운 전선줄 사이로 보였다.

마을 안쪽 골목길로 접어들자 중간쯤에 초가집 한 채가 보였다. 매천이 태어나 자란 곳으로 2002년에 광양시에서 지은 것이다. 문간채를 들어서니 정면 5칸, 측면 3칸의 초가집이다. 건물이라고 해봐야 초가집과 대문채, 뒤뜰의 작은 초정이 전부다. 그나마 옆에 바로 민가가 붙어 있어 답답하기 그지없다. 기둥에는 매천의 시가 적혀 있다.

> 산속에 삼십 년 묻혀 살면서 / 덕을 키웠을 뿐 나무를 키우진 않았다네 / 감나무며 밤나무들은 저절로 자라나서 / 주렁주렁 가을 열매가 가득 열린다네

안채 마루 벽에는 그의 〈절명시〉와 함께 초상화가 모셔져 있다. 검소하지만 단아한 그의 초상에서 고고한 선비의 풍모를 느낄 수 있었다.

매천 선생은 황희 정승의 15대손으로 어렸을 때부터 시문에 능하여 천재로 불렸

다. 29세에 특설보거과에 급제, 34세에 생원시에 장원급제하였으나 조정의 부패를 안타까이 여겨 낙향했다. 세속의 미련을 버린 매천은 서재 구안실을 마련하고 이후 구례로 옮겨가 호양학교를 설립하는 등 후진양성과 학문에 몰두했다. 1910년 8월, 나라를 잃자 망국의 한을 닮은 〈절명시〉 4수와 자제들에게 〈유자제서〉를 남기고 음독 자결했다. 몇 번이나 죽으려다 뜻을 이루지 못했다는 대목에선 그의 인간적인 고뇌가 묻어나고 '글을 아는 이, 사람 구실 참으로 어렵다'는 대목에 이르면 절로 숙연해진다. 생의 끝이 윤곡송나라 사람으로 몽고군이 침입하여 성이 포위되어 함락될 지경에 이르자 자결했음처럼 자결할 뿐, 진동송나라 사람으로 흠종과 고종에게 간신들의 참살과 파직을 간인하다 오히려 참형을 당함처럼 의병을 일으키지 못하는 자신이 못내 부끄럽다는 지조 높은 선비의 자책에선 가슴이 먹먹해진다.

> "나는 죽을 마음이 없다. 그러나 나라에서 500년이나 선비를 길러 왔는데, 나라가 망하는 날을 당하여 한 사람도 책임지고 죽는 사람이 없으니 어찌 가슴 아프지 아니한가."

이렇듯 장렬한 삶을 마친 우국지사. 문·사·철을 한 몸에 갖추고 현실을 직시하고 풍자한 문장가. 당대를 생생하고 정확하게 기록한 역사가. 나라의 운명을 따라 당당하게 목숨을 던진 지조 높은 선비. 그의 고결한 삶은 지식인의 본분이 무엇이며, 지식인의 위엄은 어떠해야 하며, 지식인은 무엇에 목숨을 걸어야 하는지, 지식인이 가야 할 길은 무엇인지를 분명히 말하고 있다.
그의 비장한 〈절명시〉 한 구절을 보자.

새도 짐승도 슬피 울고 강산도 찡그리니
무궁화 삼천리가 이미 사라졌구나
가을 밤 등불 아래 책을 덮고서 옛일을 돌이켜보니
글을 아는 이, 사람 구실 참으로 어렵구나

생가에 들어섰을 때 안방에서 인기척이 났다. 느닷없이 사람이 나와 처음엔 당황스러웠는데 알고 보니 문화해설사였다. 주말에만 광양시 문화해설사들이 번갈아 근무한다고 했다. 이런저런 대화를 나누다 매천 황현 선생과 망덕포구의 윤동주에 대해 많은 이들이 관심을 갖지 못하는 점을 서로 안타깝게 생각했다. 섬돌에 고무신이 있어 의아하게 여겼더니 옆집 할머니 신발이란다. 황현 선생의 후손으로 생가를 관리하고 있다고 했다.

마을을 나와 묘소로 향했다. 골목 끝에 있는 우물에서 마을을 뒤돌아봤다. 백운산의 문덕봉이 병풍처럼 두르고 있어 예부터 문장으로 세상에 이름을 날릴 인물이 태어난다는 전설이 전해오는 서석마을은 바람 한 점 없이 따스했다.

묘소와 사당이 있는 매천역사공원은 말끔히 단장되어 있었다. 선생은 그가 태어난 백운산 문덕봉 아래 양지바른 곳에 묻혔다. 묘소 앞으로 붓과 책의 형상에 새긴 그의 일대기가 눈에 띄었다. 사당 못 미쳐 언덕에는 문병란 시인이 쓴 시비가 있다. 한참이나 정자에 우두커니 앉아 시대정신과 지식인에 대해 곰곰이 생각했다.

칼의 예술, 장도 박물관

길은 더디고 더뎠다. 매천 황현 선생 묘소에서 3km 남짓 광양 읍내까지 내처 걸었더니 어느덧 장도박물관에 이르렀다. 절개의 상징이었던 장도粧刀를 이곳 절의의 고장 광양에서 만난 것은 우연만은 아니었다.

박물관 문을 열자 방울소리가 크게 울린다. 그 소리를 듣고 안에서 20대쯤 보이는 여자가 나왔다. 잠시 관람 동선을 설명하는가 싶더니 금세 모습을 감추었다. 깔끔한 실내공간에다 이젤을 받침대삼아 액자에 고이 넣어둔 장도들이 일렬로 죽 늘어서 있다. 얼핏 봐도 대단히 고급스러워 보이는데 모두 중요무형문화재 제60호 박용기 장도장과 보유자 박종군인간문화재의 작품이다.

이곳에서 만들어진 장도의 칼날에는 '일편심'이라는 글귀가 새겨져 있는데, 브랜드디자인으로 이미 개발돼 있다. 흔히 장도는 여자들이 순결을 지키기 위해 자결용으로 주로 사용한 것으로 알고 있지만, 조선시대만 해도 남녀 모두 호신용과 장신구 등으로 몸에 지니고 다녔다. 그래서 예물용으로도 많이 쓰이고, 신분상징의 구실도 했다. 뿐만 아니라 칼인 만큼 생활에 널리 이용되기도 했다.

장도는 흔히 칼집이 있는 칼을 말하는데 주머니 속에 넣고 다닌다 하여 '낭도', 허리춤에 차거나 옷고름에 찬다 하여 '패도'라고도 했다. 이런 장도를 만드는 사람을 '장도장'이라 했다. 장도는 삼국시대부터 장식적인 칼을 만들었던 것에서 유래를 찾을 수 있는데, 고려시대에 크게 유행했다. 조선시대에는 명나라로 사절을 보낼 때 예단물목 안에 포함됐을 정도로 당시의 장도는 그 가치와 명성이 뛰어났다.

장도 하면 흔히 은장도를 많이 떠올린다. 은으로 장식돼 노리개와 함께 옛 여인들이 늘 품에 매달았던 칼로 소중한 사랑을 지키고자 했던 마음의 표시이기도 했다. 뿐만 아니라 사랑에 대한 변하지 않을 굳은 의지, 두 임금을 섬기지 않는다는 선비의 기개 등을 고스란히 담고 있는 것이 곧 은장도다.

장도를 보다 보니 장도가 칼이라는 생각이 전혀 들지 않는다. 오히려 빼어난 아름다움으로 예술품을 보는 듯하다. 그도 그럴 것이 장도는 주로 금·은·옥 등의 귀금속과 보석으로 만들어졌으며, 칼집과 손잡이에도 섬세한 세공으로 단순한 칼 이상의 가치와 아름다움을 지니고 있다. 대개 남자의 장도에는 문구와 산수·운학·박쥐·용 등이 새겨져 있고, 여자의 장도에는 꽃나무·국화·매화·난 등이 새겨져 있다.

한 뼘 남짓한 작은 칼에 눈부신 아름다움과 찬 서리처럼 매섭고 버선 끝처럼 날카로운 정신의 고결함이 담겨 있는 셈이다. 그래서 '장도장'은 칼에 숭고한 정신을 입히는 사람이라고 한다. 장도장이 두드리는 손끝에 장도에 담긴 정신이 오롯이 담겨 있는 것이다.

"장도에는 칼날처럼 곧은 충절이 담겨 있다."

박물관 내벽에 박용기 장도장의 사진과 함께 선연하게 새겨진 글귀다.

광양 읍내 도보 여행과 광양불고기

옛 광양역

매천 황현 생가와 묘소

광양장도박물관

서울대학교 남부학술림

광양역사문화관 옛 광양군청사

광양불고기특화거리

광양불고기는 쇠고기를 구리 석쇠에 놓아 참숯불에 구워먹는 재래식 고기구이로 이제 광양이라는 이름에 늘 따라붙는다. 1999년부터는 아예 광양불고기 이름으로 축제도 열린다. 조선시대부터 '천하일미 마로화적天下一味 馬老火炙. 마로는 광양의 옛 지명'이라고 광양에 와서 숯불구이를 먹어야만 광양을 다녀왔다는 말이 있을 정도로 최고의 맛을 자랑한다.

유당공원

유당공원의 숲은 1528년 광양 현감 박세후가 동남쪽 바다에서 불어오는 해풍을 막기 위해 조성한 방풍림이다.

광양오일장

1일과 6일에 열리는 광양오일장.

'무소유의 달' 12월엔
맑고 향기로운
불일암을 찾으세요

순천역

우리가 흔히 인디언이라고 부르는 아메리카 원주민들은 달력을 만들 때 그들 주위에 있는 풍경의 변화나 마음의 움직임을 주제로 그 달의 명칭을 정했다. 그 중 퐁카 족은 12월을 '무소유의 달'이라고 했다. 외부 세계를 바라봄과 동시에 내면을 응시하는 눈을 잃지 않았던 원주민들이 한 해를 돌아보며 12월을 대하는 마음가짐이었을 것이다. 아라파호 족이 '모두 다 사라진 것은 아닌 달'이라 부르는 11월에 송광사 불일암을 찾았다. '무소유'를 일갈했던 법정 스님의 흔적을 쫓음과 동시에 내 자신을 고요히 들여다보고 싶어서였다.

맑고 향기로운 불일암

11월 중순인데도 남도의 가을은 한참이나 더뎠다. 산 위는 초겨울이지만 산 아래는 여전히 가을이다. 송광사 앞은 마지막 단풍을 보려는 인파로 시장바닥처럼 왁자지껄했다. 계곡에 걸쳐 있는 청량각을 건너 송광사로 가는 길 대신 불일암으로 발길을 돌렸다.

계곡을 따라 얼마쯤 걷자 왼편으로 불일암 가는 표지판이 보였다. 예전엔 낙엽이 수북이 쌓여 길조차 희미했었는데 다시 와보니 암자로 가는 길이 번듯하게 포장이 되어 있다. 전에 없었던 표지판도 생겨 불일암을 처음 찾는 사람이라도 당황할 일은 없을 듯하다. 다만 오전 8시에서 오후 4시까지의 참배시간을 지켜 달라는 당부가 간절하다.

'무소유길'임을 알리는 길 중간 중간의 표지판이 낯설다. 법정 스님이 이곳에 묻힌 후 생긴 변화다. 편백나무는 여전히 푸르렀고 그 향기만큼은 깊고 깊었다.

무소유란
아무것도 갖지
않는다는 것이 아니라
불필요한 것을
갖지 않는다는 뜻이다.
우리가 선택한 맑은 가난은
넘치는 부보다
훨씬 값지고 고귀한 것이다.

— 법정 스님의 〈산에는 꽃이 피네〉 중에서.

불일암 가는 길. 소박한 옛 표목(좌)은 자취를 감추고 대신 깔끔하니 붉은 바탕에 하얀 글씨를 새긴 표식이 서 있다(우).

불일암 하사당은 더 이상 간결할 수 없는
무소유 건물의 전형이다.

편백숲의 갈림길에도 푯말을 새로 세웠다. 소박했던 옛 표목에는 불일암의 머리글자를 따서 'ㅂ'과 암자가 있다는 뜻의 연꽃모양과 가는 길을 가리키는 화살표가 마치 인두화처럼 소박하게 새겨져 있었다.

옛 표목은 자취를 감추고 대신 깔끔하니 붉은 바탕에 하얀 글씨를 새긴 표식이 서 있었다. 'ㅂ'이 무엇을 의미하는지 눈여겨보지 않으며 지나쳤던 이곳, 이젠 '불일암'이라고 똑똑히 적힌 세 글자로 인해 암자 가는 길을 더는 헤매지 않게 됐다.

졸졸졸 맑게 흐르는 개울에 걸친 통나무 다리를 건너자 향기로운 숲이다. 그 사이로 옅게 길이 보인다. 저 멀리서 타박타박 걸어오던 스님은 금세 자취를 감췄다. 편백숲이 끝나자 하늘로 쭉쭉 뻗은 대숲이 어지럽다. 절로 고개가 숙여졌다. 덕현 스님과 보각 스님이 계실 때에는 늘 깔끔히 비질이 되어 있었던 대숲길이 오늘은 낙엽이 그대로 쌓여 있다.

부지런히 비질을 하는 스님과 애써 치우지 않고 그대로를 즐기는 스님 중 어느 분이 상수인지는 모를 일이다. 다만 '아름다운 마무리는 처음의 마음으로 돌아가는 것이다. 아름다운 마무리는 내려놓음이다. 아름다운 마무리는 비움이다. 아름다운 마무리는 용서고, 이해고, 자비'라는 법정 스님의 말만 귀에 맴돌았다.

암자 초입의 다소 어수선하고 혼란스러웠던 마음이 조용히 가라앉는다. 주변을 향하던 시선이 점점 내면으로 들어서고 있었다. 살짝 열린 사립문을 비집고 들어섰다. 이제부터 묵언이다. 엄정하다.

사립문을 지나면 조릿대가 터널을 이루어 신비감을 준다. 그것도 잠시, 어둑어둑한 조릿대길이 갑자기 훤해지는가 싶더니 고즈넉한 암자가 모습을 드러냈다. 아직 붉은 기운을 머금고 있는 숲 아래로 두 칸짜리 소담한 하사당과 대밭에 둘

삶은 소유가 아니라

순간순간의 '있음'이다.

영원한 것은 없다.

모두가 한때일 뿐

그 한때를 최선을 다해

최대한으로 살 수 있어야 한다.

삶은 놀라운 신비요
아름다움이다.
그 순간순간이
아름다운 마무리이자
새로운 시작이어야 한다.

- 법정 스님의 <아름다운 마무리> 중에서.

러싸인 해우소가 정갈하게 다가온다.

몇 해 전 이곳을 들렀을 때 하사당에서 덕현 스님에게 법구경 한 권을 선물로 받았다. 하사당은 볼 때마다 마음 깊숙한 곳에서 울림을 준다. 더 이상 간결할 수 없는 경지라고나 할까. 꼭 필요한 그만큼만 가진 무소유 건물의 전형이 아닌가 싶다. 부엌 하나, 방 하나, 장작더미, 장독대.

우물은 대를 질러 속俗의 출입을 막았다. 우물로 이어지는 돌담이 구불구불하다. 해우소도 역시 출입금지. 찾는 이들이 늘어나자 어쩔 수 없이 금지구역도 늘어났다. 스님은 한창 텃밭에 열중이라 인사할 겨를도 없다. 예전 같으면 차도 한 잔 하고 쪽마루에 걸터앉아 하염없이 지는 해를 뚫어져라 볼 텐데. 지금은 스님에게 말 붙이는 것조차 결례가 될까 저어된다.

'묵언', 층계를 올라 법당 앞마당에 들어서자마자 나무 푯말이 보인다. 사람들은 제법 있는데 모두 묵언이다. 암자가 깊다. 아무 말을 하지 않으니 더 찬찬히 보게 된다. 법정 스님이 손수 만들었던 의자는 스님을 추억하는 공간이 되었다. 스님의 빠삐용 의자 맞은편 오동나무 한 그루는 생전 스님이 직접 심으셨다. 나무 아래에 국화가 그득 담긴 화분 하나가 놓여 있고 그 앞에 대나무로 간소하게 네모난 울타리를 둘러 스님이 잠든 곳을 표시했다. 아, 이 작은 땅에 스님이 잠드셨구나.

불일암은 원래 송광사 16국사 중 제7대 자정국사가 창건한 자정암 폐사 터에 법정스님이 1975년에 중건하여 편액을 걸었다. 스님은 이곳에 주석하면서《무소유》등 주옥같은 책들을 집필했고 2011년 3월 11일 열반해 이곳에 잠들었다. 법당 옆 산에는 자정국사의 승탑이 단아하고 기품 있게 서 있다.

암자를 나왔다. 숲 사이로 어렴풋이 길의 흔적이 보였다. 인디언 주니 족에게 12월은 '태양이 북쪽으로 다시 여행을 시작하기 전에 휴식을 취하기 위해 남쪽 집으로 여행을 떠나는 달'이었다.

송광사 일원 제대로 둘러보기

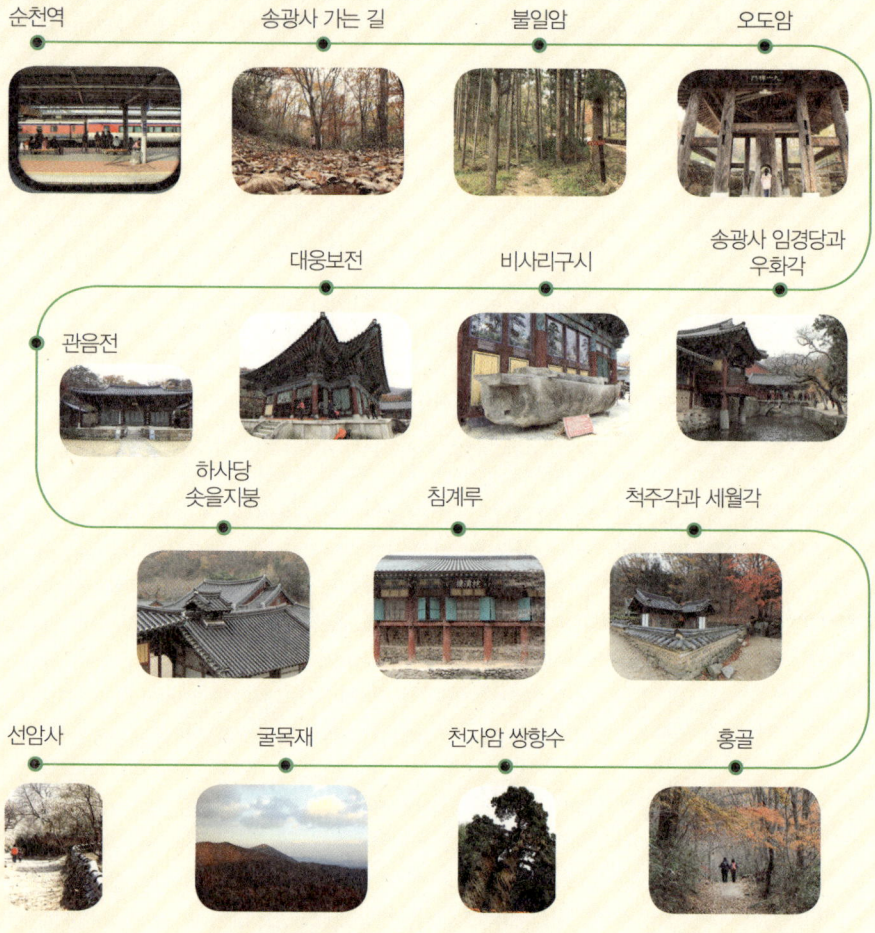

☞ 순천역에서 63번, 111번 버스를 타면 송광사로 간다. 버스는 아침 6시부터 저녁 9시까지 30~50분 간격으로 자주 있으며, 1시간 20여 분 소요된다. 송광사에서 낙안읍성 가는 버스는 8시 55분, 11시 5분, 15시 5분, 17시 35분에 출발한다. 반대로 낙안읍성에서 송광사 가는 버스는 8시 10분, 10시 10분, 2시 10분, 4시 40분에 출발한다. 순천역에 서 낙안읍성 가는 버스는 1번, 16번, 63번, 68번 등 자주 있으며 소요시간은 약 40분 정도다. 순천역 관광안내센터에서 더 정확히 알 수 있다

국립낙안민속자연휴양림(위)과 뿌리깊은나무박물관(좌),
낙안읍성 전경(우).

낙안읍성과 국립낙안민속자연휴양림

순천 낙안읍성은 꽤나 알려진 관광지다. 그러나 낙안읍성 인근에 아주 그럴싸한 휴양림이 있다는 걸 아는 이는 드물다. 국립낙안민속자연휴양림이다. 조정래의 《태백산맥》 무대인 벌교에서 857번 지방도를 따라오면 휴양림이 지척이다. 낙안읍성은 물론이고 벌교, 선암사, 순천만도 자동차로 비교적 가까운 거리에 있어 하룻밤 묵기에는 이만한 곳도 없다. 게다가 등산로 겸 산책로가 잘 정비되어 있고, 숲 해설사와 함께 숲을 탐방하고 체험할 수도 있다. 낙안읍성에 가면 〈뿌리깊은나무박물관〉도 꼭 들를 일이다. 출판인이었던 고 한창기 선생이 생전에 수집했던 유물을 기탁 받아 순천시에서 건립한 박물관이다. 읍성 동문으로 나와 주차장을 지나 남쪽으로 얼마간 가면 나온다.

순천만 여행

순천만은 5.4㎢[160만 평]의 빽빽한 갈대밭과 22.6㎢[690만 평]의 광활한 갯벌로 이루어져 있다. 갈대꽃이 피는 늦가을이나 철새가 날아드는 겨울에 찾으면 좋다. 순천만에서 발견되는 철새는 총 230여 종으로 우리나라 전체 조류의 절반 가량이 된다고 한다. 순천만은 2006년 람사르협약 등록, 2008년 국가지정문화재 명승 제41호로 지정되었다.

순천만에 가면 갈대숲 탐방로[1.2KM, 왕복 30, 40분]를 지나 용산전망대[2.3KM, 왕복 1시간 30분]에 올라 일몰을 보는 것이 좋다. 40분 간격으로 운행되는 갈대열차를 타고 순천문학관에 들르거나, 25분 간격으로 운행되는 생태체험선을 타고 다양한 철새를 만나는 것도 좋다. 공원 안에 있는 자연생태관과 천문대도 들를 만한 곳이다.

☞ 순천역에서 순천만으로 가는 시내버스[67번]는 오전 6부터 저녁 8시까지 20분 간격으로 운행된다. 소요시간은 20여 분. 순천역을 나와서 오른쪽으로 쭉 가다 보면 한국철도공사 전남본부 간판[주차장]이 커다랗게 보이고 바로 옆에 파출소가 있다. 파출소 건너편의 서울약국과 편의점[세븐일레븐] 앞 버스정류장에서 67번 시내버스를 타면 된다.

PLUS 사진으로 보는 경전선②의 역사

광주선① 1930

순천을 지난 기차는 수덕, 원창, 구룡, 벌교, 조성, 예당, 득량을 거쳐 보성역에서 멈춘다. 수덕, 원창, 구룡은 모두 폐역이 되어 버려 순천을 지난 기차는 벌교에서 처음 쉬었다. 비슷비슷한 외양을 가진 역사는 인적도 드물어 주의 깊게 살피지 않으면 역 이름을 잘못 기억하는 경우도 더러 있다.

벌교 구석구석 시간여행

벌교역

　　남도의 겨울은 혹독하지 않았다. 유난히 매섭던 추위도 벌교에선 한풀 꺾이고 있었다. 벌교장은 4일과 9일에 열리는 오일장이다. 다소 권위적이게 보이는 벌교역사 앞으로는 소읍치곤 제법 너른 광장이 있고 길 건너 인도는 이미 자리를 차지한 장사꾼과 오가는 사람들로 북적댔다. 이 소읍은 남도의 외딴곳에 뚝 떨어져 있음에도 궁벽하지 않다. 한창 잘나갔던 시대의 옛 영화가 지금까지 골목 구석구석에 남아 있다. 시장은 입구부터 부산스럽다. 단연 눈에 띄는 건 꼬막이다. 벌교 하면 《태백산맥》과 꼬막을 떠올리는 건 당연지사. 근데 꼬막보다 더 많이 보이는 게 있다.

꼬막보다 더 많은 다래

다래다. 그것도 참다래. 시장 길목마다 그득 쌓인 다래는 꼬막의 명성을 갈아치울 정도로 기세가 등등하다. 한겨울 참다래. 벌교를 찾을 때마다 그 어마어마한 다래 꾸러미에 매번 놀라곤 한다.

벌교시장이라고 새긴 투박한 아치형 입구를 지나면 본격적으로 벌교장이 펼쳐진다. 입구는 사람들로 북적댄다. '벌교 매일 시장 매달 안쪽 1일, 15일, 도로변 16, 30일 쉽니다'라고 내건 큼직한 현수막이 눈에 띈다. 상인들 스스로 시장의 질서를 지켜가고 있는 것이다. 어물전은 장터 한복판에 있으면서 벌교장의 대종을 이루고 있다. 그 유명한 꼬막뿐만 아니라 명성을 떨치고 있는 고흥굴이 벌교를 거쳐 간다. 시장에선 껍질째 무더기로 쌓아둔 굴을 어디서나 볼 수 있다. 벌교는 여자만汝自灣을 끼고 있어 그만큼 풍성하다.

어물전에 처음 보는 생선이 있어 뭔가 했더니 상어란다. 상어 새끼인데 날것 그대로다. 제사상에 올리기도 하는 상어는 그냥 조리해서 먹기도 하지만 대개 말려서 포를 뜬다. 시장에서 가장 흔하면서도 특이한 것은 두부다. 두부장수가 두부공장에서 곧장 나온 듯한 두부상자를 손수레에 가득 싣고 모두부를 상자째 이집 저 집 배달한다. 김이 모락모락 나는 두부는 부식 가게에서 제법 잘 나가는 품목 중의 하나란다.

벌교의 명물, 참꼬막 납시오!

아무리 남도라 해도 시장 구석에서 옴짝달싹하지 않는 한기를 몰아낼 수는 없었는지 상인들은 잠시 짬을 내어 장터 한쪽에 피운 모닥불로 모여든다. 시장골목 안쪽으로 들어갈수록 가게는 한산하고 이미 문 닫은 가게도 두서넛 보인다.

겨울 벌교오일장엔 꼬막뿐만 아니라 참다래가 그득하다.

자, 이쯤 되면 벌교의 명물, 꼬막이 나실 때다. 벌교 앞바다 여자만 갯벌은 전국 참꼬막의 70%를 생산한다. 꼬막은 흔히 개꼬막으로 불리는 새꼬막과 참꼬막, 피꼬막이 있다. 피꼬막은 크기가 워낙 커서 단번에 알 수 있지만, 새꼬막과 참꼬막은 유심히 봐야 구별할 수 있다. 참꼬막 껍질이 새꼬막에 비해 더 두껍고 골의 간격도 더 넓고 깊다. 골이 깊고 껍질이 두꺼운 참꼬막을 옛 문헌에는 기왓골을 닮았다고 하여 와농자瓦壟子라고도 했다.

참꼬막은 꼬막 중 최고다. 특히 겨울의 참꼬막은 살도 차고 그 맛이 쫀득하기가 명품으로 불리기에 손색이 없다. 그러나 요즈음 벌교에서도 참꼬막 보기는 어렵단다. 시장에서도 열 꾸러미가 새꼬막이라면, 참꼬막은 겨우 한 꾸러미 있을 정도로 귀했다. 가격을 물어보니 kg당 1만 5000원에 판다고 했다.

우리가 흔히 반찬으로 먹는 꼬막은 새꼬막, 특히 양념해서 먹는 것은 전부 새꼬막이다. 벌교의 꼬막식당들에서도 꼬막정식을 주문하면 삶은 꼬막만 참꼬막이고 양념꼬막, 꼬막무침, 꼬막전 등에는 거의 새꼬막을 쓴다. 가격이 비싸니 어쩔 수 없다. 양심적인 식당에선 미리 새꼬막이라고 말해주기도 한다.

벌교까지 왔으니 꼬막을 제대로 맛봐야

지금이야 벌교에서 어느 음식점을 가더라도 삶은 꼬막, 꼬막전, 꼬막무침, 양념꼬막이 메인으로 나온다. 참꼬막은 삶는 방식부터 다르다. 푹 삶으면 절대 안 된다. 살짝 데치듯 핏기만 가는 정도로 삶아야 한다. 그래서 약간 비릿하기도 하다. 비위가 약한 이들은 많이 먹지 못하지만, 마니아들은 이 비릿하고 짭짤한 맛에 환장한다.

꼬막무침은 비릿함을 마뜩찮게 여기는 사람에게 좋다. 대부분의 무침이 그렇듯

꼬막의 고장 벌교에서도 참꼬막은 귀하다. 참꼬막은 고급 종이라 제사상에 올라가서 '제사꼬막'으로도 불렸다.

소설 《태백산맥》 김범우의 집은 성채 같다. 어른 키 몇 곱절은 될 것 같은 훌쩍 높은 담장하며, 담장 주위로 해자처럼 도랑이 둘러쳐 있어 개미 한 마리 얼씬하기도 어려운 난공불락의 요새 같다.

시큼하니 매콤한 맛이 입안을 상큼하게 한다. 양념꼬막은 우리가 가장 자주 먹는 것으로, 물론 새꼬막으로 요리한 것. 새꼬막은 참꼬막에 비해 성장 속도도 배나 빠르고 가격도 훨씬 싼 편이라 부담 없이 즐기기에 좋다. 참꼬막에 비해 조금 오래 삶아 비릿한 맛도 덜한 데다 양념까지 되어 있으니 누구나 먹기에 좋다. 벌교에서는 참꼬막이든 새꼬막이든 그리 오래 삶지 않는다. 오래 삶으면 특유의 탱글탱글한 속살이 없어지고 풍미도 그만큼 떨어지기 때문이다.

여행자가 이번에 찾은 곳은 예전에 몇 번 갔었던 불친절하지만, 맛은 있는 '역전식당'. 소설가 조정래 씨도 이곳을 다녀간 모양이다. 벽에 그의 사진과 사인이 걸려 있다. 지난번에는 꼬막정식을 먹었는데 이번에는 짱뚱어탕도 같이 맛보았다.

예전에 들렀던 '국일식당'은 원래 40년 넘게 백반집으로 유명했는데, 언제부턴가 꼬막정식을 하고 있다. 지금은 벌교 어디서고 꼬막정식이라는 이름의 특이한 음식 문화가 자리잡게 된 것이다. 국일식당은 임권택 감독이 영화 〈태백산맥〉을 촬영할 때 제작진과 함께 자주 밥을 먹으면서 소문이 나 유명세를 탄 식당이다. 여행자가 찾은 날에는 마침 참꼬막이 다 떨어져 새꼬막밖에 없다고 했다. 음식은 대체로 투박한 편이다.

너른 중도 벌판의 갈대밭을 지나온 진한 갯내음이 벌교역까지 불어왔다. 광장 한편에 벌교역장이 세운 비석에는 '벌교'라는 이름이 '뗏목을 엮어 만든 다리'에서 유래되었다고 적혀 있다. '소설태백산맥문학거리'를 어슬렁어슬렁 걷기 시작했다. 굳이 태백산맥이라는 이름이 아니더라도 한때 번성했던 이 소읍에선 옛 영화의 흔적을 곳곳에서 볼 수 있다.

마치 시간이 멈추어 버린 듯한 거리에 서면 일제강점기나 해방 직후의 부산했던 벌교 읍내거리를 자연 떠올리게 된다. 벌교역에서 소설《태백산맥》속 김범우 집까지 걷기로 했다. 그냥 쉬엄쉬엄 걷는 데에만 30여 분은 족히 걸리니 구경이라도 제대로 할 요량이면 발걸음을 재게 놀려야 한다. 그럼에도 걸음은 옛 시간의 흐름에 맞추느라 자연히 느려졌다.

| 80년 된 5성급 여관 |

'보성여관'은 원래 이름보다 소설 《태백산맥》의 배경이 되면서 남도여관으로 더 알려져 있다. 소설 속에서 경찰 토벌대장 임만수와 그 대원들이 숙소로 썼던 곳이 바로 남도여관이다.

보성여관은 일제강점기에 일본인들의 중심거리로 '본정통'이라 불렸던 벌교의 중심거리에 있다. 1935년 건립됐고 2층짜리 일식 목조 한 동과 한식 벽돌조 한 동으로 구성됐다. 해방 후까지 여관으로 운영되다가 1988년부터 상가 등으로 사용되다 2004년 12월에 근대사적·생활사적 가치가 인정되어 등록문화재 제132호로 지정됐다.

2008년 문화재청이 문화유산국민신탁을 관리단체로 지정, 복원공사를 마치고 2012년 6월 7일에 재개관했다. 1층은 보성여관의 옛 모습을 보여주는 전시공간과 소극장, 카페로 정기문화행사를 열고, 2층은 다목적 커뮤니티 공간으로 꾸며져 세미나, 발표장 등으로 활용된다. 1층 숙박동에는 모두 7개의 온돌방이 있는데, 가격은 1박2일에 8만 원대에서 15만 원대까지 있다.

소설 《태백산맥》을 따라 걷는 시간여행

소설 속에 등장하는 곳을 따라 한나절 문학기행이 가능하다. 벌교역에서 출발하여 차부 터 ^{현 벌교우체국}, 솥공장 터 ^{현 대창기계}, 보성여관^{남도여관}, 삼화목공소, 벌교초등학교, 벌교금융조합^{현 농민상담소}, 청년단 건물 터, 채동선 기념관, 채동선 생가, 자애병원^{현 벌교어린이집}, 송광사 벌교포교당, 벌교 홍교를 건너 김범우의 집까지 갔다가 다시 소화다리와 중도방죽을 지나 태백산맥문학관과 현부잣집, 소화의 집까지 소설 《태백산맥》 기행이 가능하다.

풋풋한 남도의 봄, 청보리밭을 걷다

예당역 – 조성역

당혹스러웠다. 일단 기차표는 보성까지 끊었는데, 어디로 가야 할지 아직 결정을 내리지 못하고 있었다. 기차는 이미 섬진강을 건너 남도로 들어서고 있었다. 진상, 옥곡, 광양, 순천 다음이 벌교다. 차창 너머로 폐역이 된 원창역이 보인다. 이쯤에서 결정을 내려야만 한다. 순천과 보성 사이에 있는 역은 벌교, 조성, 예당, 득량 네 곳이다. 그중 벌교는 갔었고 나머지 가보지 않은 세 역 중에서 내릴 곳을 결정해야 했다. 그러나 기차가 조성역에 섰는데도 미적거리다 내리지 못했다. 이제 남은 곳은 예당과 득량, 한참을 망설인 끝에 결국 예당역에서 내렸다.

예당역의 나른한 봄날

승강장에 내린 손님은 여행자 혼자였다. 할머니 서너 분이 기차에 오를 뿐, 승강장은 다시 봄날의 고요함으로 남았다. 온통 유리로 된 역 건물이 한갓진 시골에서 낯설게만 느껴진다. 마치 석빙고처럼 서늘한 기운마저 감도는 텅 빈 대합실 너머로 혼자 있는 역무원이 보였다.

이곳은 원래 관공서가 들어설 자리가 될 자리라 하여 '관기'라 불리다 1914년 행정구역 통폐합에 따라 예장산의 이름을 따서 '예당리'라 했고 역명도 '예당역'이라 했다고 전해진다. 지금도 예당은 리 단위의 마을인데도 중고등학교까지 있을 정도로 꽤나 큰 마을이다.

일단 이웃한 조성역까지 걷기로 했다. 혹시나 해서 보성군 관광지도를 꺼냈다. 중간에 들를 만한 곳이라도 찾을 요량이었다. 지도 한쪽으로 작게 표시된 문화재 두 곳이 보였다. 봉능리 석조인왕상과 우천리 삼층석탑이었다. 마치 보물을 찾은 듯 반가웠다. 자칫 밋밋할 수 있는 여행길에 이 두 유물이 훌륭한 동선을 만들어줄 것이다.

역무원에게 봉능리 가는 길을 물었다. 석조인왕상은 모르는 눈치였고, 다만 전화번호부를 꺼내더니 봉능리에 봉산, 신방, 청능 등의 마을이 있으니 버스를 타라고 했다. 기사에게 봉능리라 하면 안 되고, 봉산이나 신방, 청능 마을 중 아무 이름이나 대면 된다고 했다.

역사를 빠져나와 강아지 한 마리 얼씬하지 않는 한산한 마을길을 걸었다. 역무원이 시키는 대로 오른쪽 길로 접어드니 시원스런 4차선 2번 국도가 나타났다. 버스승강장에서 아주머니에게 길을 물었더니 도로 끝에 걸쳐 있는 육교까지 가서 다시 길을 물으라고 했다. 버스도 있지만 걸어서도 갈 수 있다는 말에 걷기로

이름도 예쁜 예당역은 예장산의 이름을 따서 '예당역'이라 했다. 조성역과 득량역 사이에 있다.

했다. 갓길을 걷다 쌩쌩 달려오는 차들에 흠칫 놀라길 몇 번, 도로 너머에 있는 농로를 발견했다. 따가운 봄 햇살을 손바닥으로 가린 채 뚜벅뚜벅 걷기 시작했다. 나른한 봄날이었다.

득량만을 끼고 있는 남도의 들판엔 벌써 보리가 쑥쑥 올라와 패기 시작했다. 이곳 조성과 득량 일대의 들판은 우리나라에서 보리 생산량이 가장 높은 곳 중의 하나로 꼽는 곳이기도 하다. 멀리 득량만 방조제가 손에 잡힐 듯 아스라이 멀어진다. 딱히 정해진 곳도 없어 봉농리 석조인왕상이나 볼 요량으로 봉산마을로 길을 잡았다. 그냥 2번 국도를 따라 걷기에는 아무래도 심심하다. 농로를 따라 드넓게 펼쳐진 청보리밭을 가로지르는 철길에 섰다. 그러곤 넘실대는 보리밭을 가로지르는 철길에서 풍경이 돼 줄 기차를 기다렸다.

한 30여 분 기다렸을까. 멀리서 빠아앙 하며 기적소리가 울렸다. 예당역을 출발한 기차가 어느새 눈앞에 나타났다. 세상에서 가장 느린 기차로 불리는 경전선 무궁화호 완행열차가 이곳에선 순식간에 지나갔다. 아, 이렇게 빨랐단 말인가! 구불구불한 경전선에선 좀처럼 볼 수 없는 쭉 뻗은 기찻길이 예당평야를 가로지르고 있었다.

봉능리 석조인왕상과 우천리 삼층석탑

철길을 건너 봉산마을로 향했다. 마치 광개토대왕비처럼 커다란 마을 표지석이 이색적이다. 이곳뿐만 아니라 인근 마을에서도 표지석은 마치 거석문화의 표본처럼 저마다 마을 입구를 지키고 있었다. 마침 저수지 옆 밭에서 들일을 하고 있는 아주머니께 석조물의 존재를 물었으나 처음 듣는 얘기라 했다. 지도로 대충 가늠해서 마을 안쪽으로 들어갔다. 마을회관 뒤에 오르니 정자나무가 있고 그 아래로 너른 벌판이 펼쳐졌다. 그 끝으로 득량방조제가 보였다. 탁 트인 들판 풍경이 푸근하기 이를 데 없다. 여기 어디쯤일 텐데, 혼자 중얼거리고 있는데 담장 너머로 인기척이 났다. 허리가 조금 구부정한 중년의 사내에게 인왕상의 존재를 물으니 모른단다. 석조물, 불상, 부처님 등 여행자가 설명할 수 있는 모든 단어를 댔더니만 그제야 교회 맞은편 비닐하우스 뒤로 보이는 소나무를 가리켰다.

"저 짝이오."

소나무를 목표삼아 비닐하우스 옆으로 난 길을 걸었다. 묵정논 끝에 소나무는 있었으나 기대했던 인왕상은 보이지 않는다. 혹시나 싶어 어른 키의 갑절은 족

봉능리 석조인왕상은 논두렁에 덩그러니 버려진 듯 무심하게 들판 가운데에 서 있었다. 마모가 심해 형체를 알아보기는 힘들었으나 그 인상만큼은 강렬했다.

청능마을에서 농로를 따라 산모롱이를 돌자 청보리밭 너머 우천리 마을 가운데로 삼층석탑이 보였다.

히 되는 아찔한 논두렁 아래로 목을 쑥 내밀었더니 그제야 석조물이 보였다. 반가운 마음에 길도 없는 논두렁 절벽을 풀을 엮어 잡은 채 내려갔다. 두어 시간 만에 봉능리 석조인왕상을 만나게 된 것이다.

대개 인왕상 하면 사찰이나 불상들을 지키는 불교의 수호신을 말하는 것으로 사찰의 문이나 탑, 승탑 등에 장식한다. 이곳 인왕상은 마모가 심해 그 형체를 알아보기 힘들었는데, 눈을 부릅뜨고 있는 얼굴만큼은 강렬했다. 손에 지팡이나 방망이를 쥐고 있는 다른 인왕상과는 달리 권법자세만 취하고 있는 벌거벗은 모습이다. 비록 닳았지만 사실적인 상체와는 달리 하체는 형식화된 느낌이다. 고려시대에 만들어진 것으로 추정되는 이 인왕상은 대개 탑의 부조로 조각되는 다른 것과는 달리 하나의 돌로 만든 것이어서 눈길을 끌었다. 주위에는 탑의 부재들이 한곳에 모아져 있고, 기와편들이 더러 보여 이곳이 옛 절터임을 짐작할 수 있었다. 인왕상이 있는 자리를 보면 뒤로는 야트막한 산이 둘러쳐져 있고 앞으론 작은 들판이 있고 다시 작은 산이 포근하게 감싸고 있어 작은 절이 설 자리로는 마땅해 보였다.

이 작은 불상 하나를 찾기 위해 반나절을 헤맨 셈이다. 반가운 마음도 잠시, 논두렁에 덩그러니 버려진 듯 무심하게 서 있는 문화재전라남도 문화재자료 제134호를 보니 절로 한숨이 나왔다. 나중에 찾았던 우천리 삼층석탑도 마찬가지였지만 마을 입구나 국도변에 안내문이라도 있었다면 이토록 허망하지는 않았을 것이다.

논길을 걸어 나오니 농부가 트랙터로 논을 갈고 있었다. 우천리 삼층석탑 가는 길을 물으니 저 아래 국도 옆 농로를 따라가서 산모롱이를 돌면 왼쪽으로 마을이 나타나는데 거기서 탑이 보인다고 했다. 산모퉁이를 돌자 농부의 말처럼 마을이 보였고 그 아래로 탑이 보였다. 예전에 논이었을 마을 앞 공터에 자리한 탑

마모가 심해 형체를 알아보기 힘든 석조인왕상.

은 한눈에 봐도 예사롭지 않았다. 통일신라시대의 석탑으로 보물 제943호이다. 멀리서도 제법 커 보이는 탑은 삼층으로 비록 외로이 서 있더라도 그 위용만큼은 대단했다. 이곳에 탑이 서 있는 이유는 알 수 없으나 전해지는 이야기로는 벌교 징광사에 딸린 부속 절이 있던 곳이라고 한다. 탑의 꼭대기에는 머리장식으로 노반露盤, 머리장식받침과 복발覆鉢, 엎어 놓은 그릇모양의 장식이 남아 있어 오랜 세월에도 쉽게 무너지지 않은 자존심을 드러내고 있는 듯했다.

사람냄새 물씬 나는 남도 조성오일장

청보리밭 너머로 멀리 조성면 소재지가 보였다. 조성면에 들어섰을 때 길은 두 갈래로 나뉘었다. 순천, 벌교 가는 2번 국도와 국토의 막내 고흥반도로 쑥 빠지는 77번 국도이다.

국도 2호선을 넘자 면소재지가 나왔다. 농협 앞에 옷가지를 늘어놓고 파는 난전이 장날임을 짐작하게 했다. 3일과 8일에 열리는 조성오일장이었다. 오후 두시가 넘었으니 이미 파장일 터. 역시 장터는 텅 비어 있었다. 몇몇 남은 장꾼들은 짐 챙기느라 분주했다. 간혹 아직 자리를 접지 못한 장꾼들은 대개 생선과 해산물을 파는 어물전이었다.

"이보시오. 우리 사진 좀 찍어주소."

얼굴이 불콰한 사내 셋이서 다가온다. 한눈에 봐도 넉살 좋게 생긴 중년의 사내가 말을 걸어왔다.

"방송국에서 왔소이. 이 성님이 이곳 토박이인디, 물어볼 거 있으면 얼마든지 물어보시오."

예당에 산다는 사내가 반죽 좋게 장광설을 늘어놓는다. 그의 말대로 이곳 조성면에서 태어나 자랐다는 이혁재 씨는 예전 번성했던 조성장을 기억했다. 당시만 해도 인근 고흥군 대서 사람들은 철도와 버스가 자주 있는 이곳 조성장을 주로 이용했고 학교도 이곳 중학교를 다녔다. 지금은 딱히 내세울 것 하나 없는, 겨우 생색만 낼 정도로 작은 시골장이지만 예전엔 곡창지대라 싸전이 제법 번성했다는 것이다.

요즈음 조성의 특산물은 미니토마토와 다래. 특히 다래는 인근에서 가장 많이 생산한단다. 예전의 장터는 지금의 자리에서 조금 역 쪽에 가까웠는데, 1985년쯤 옮겨왔다고 했다.

예당에서 왔다는 사내가 함바집을 가리키며 거기를 꼭 촬영하라는 말을 잊지 않는다. 그의 말을 듣고 함바집으로 향했다. 장날마다 선다는 함바집은 금방이라도 쓰러질 듯했다. 안으로 들어가니 대낮인데도 한밤중처럼 어둑어둑했다. 빛이 들어올 공간이라곤 양철로 된 출입문밖에 없기 때문이다.

칠십이 넘었다는 이옥님 할머니와 정병기 할아버지는 벌써 23년째 장날마다 문을 연다. 이곳에는 장날마다 밥을 파는 함바집이 두 군데 있는데 서로 붙어 있다. 옆집 함바집 할머니가 이야기를 거든다.

"국밥 같은 건 없고 정식이여 정식. 된장국이나 시래기국에 철따라 열두가지 반찬이 나오제. 맛나 부려. 특히 젓갈은 끝내 주제."

박영숙 할머니(위)와 이혁재 씨 일행(가운데), 이옥님·정병기 씨 부부(아래).

"모두들 마이 도와주니께 많이 파는 거라. 예전에는 장날이면 막걸리 대여섯 말을 예사로 팔았제. 지금은 소주나 막걸리 몇 병이지만……."

할아버지는 이곳에서 초등학교를 나온 조성 토박이이고, 할머니는 시집온 지 49년째란다. 사진을 찍자고 했더니 그저 뭐하게, 라고 말씀은 하시면서 싫지는 않은 내색이었다.
장터에서 38년째 어물을 팔고 있는 박영숙 할머니는 인상이 좋으시다.

"예전엔 별 게 다 있었지라. 바지락, 꼬막, 새조개, 낙지가 수북이 쌓였제. 사람들이 많아 북적북적해서 걸어도 못 다닐 정도였어. 지금은 바다가 오염되어서 볼 수가 없단 말이시. 수확량이 솔찬히 줄어 부렀어야. 올해는 특히 흉년이여."

어느새 파장에 겨우 남아 있던 어물전도 막판이다. 쟁반에 수북이 쌓은 키조개 관자를 단돈 만 원에 가져가란다. 장어를 손질하던 아저씨는 아직 장어가 손에 익지 않는다면서도 손놀림이 날렵하다. 그의 손놀림에 장어는 금세 맨몸이 된다. 백장어로 불리는 뱀장어는 징글맞을 정도로 크다. 다 큰 뱀장어는 바다로 돌아가는데 이때 몸이 은색을 띠어 은색장어라고도 한다. 장터 여기저기서 방송국에서 나왔냐며 사진을 찍어달라고 한다. 남도의 작은 시골장에서 볼 수 있는 순박한 풍경들이다. 비록 장은 파했지만 사람냄새 물씬 풍기는 남도의 봄날 오후다.

장터 여기저기서 방송국에서 나왔냐며 사진을 찍어 달라고 한다. 남도의 작은 시골장에서 볼 수 있는 순박한 풍경들이다. 비록 장은 파했지만 사람냄새 물씬 풍기는 남도의 봄날 오후다.

득량만 방조제와 해평리 돌장승

득량만 갈대밭(위)과 득량만(좌), 계선주(아래).

득량(得糧)이라는 지명은 임진왜란 당시 이순신 장군이 이곳에서 식량을 얻어 왜군을 물리친 데서 유래되었다. 고흥군과 보성군, 장흥군에 둘러싸인 득량만은 청정바다와 갯벌로 남해안의 보물로 불리는 곳이다. 득량면 해평리와 대서면 남정리를 잇는 방조제로 인해 이 일대는 넓은 간척평야가 조성되었다. 845번 지방도를 따라 득량만 방조제로 가다 보면 해평리 돌장승과 계선주 등 예전 바다였을 당시 이곳의 유물들을 만나게 된다.

장승은 마을의 수호신이자 이정표나 경계를 표시하는 역할을 한다. 해평리 돌장승은 그 옛날 나라에서 바닷길로 조세를 거둬들여 보관했던 '해창'이 있었던 자리로 조세 수송의 안전과 마을의 액막이를 위해 세워졌다고 한다. 원래는 마을 뒤 오봉산의 '절골' 개흥사 입구에 있던 사찰장승을 옮겨온 것으로 전한다.

'상원주장군'과 '하원당장군'으로 불리는 두 기의 돌장승은 오랜 세월이 흘렀음에도 그 표정에는 생동감이 넘친다. 오른쪽 높은 곳에 있는 것이 상원주장군으로 여자상이고 건너편 낮은 곳에 있는 하원당장군은 남자상이다.

조양마을 입구에 있는 해평리 돌장승은 전라남도 문화재자료 제55호로 지정돼 있다(위). 독특한 입모양의 남자상 하원당장군(아래).

보성 득량역 문화장터와 강골마을 한바퀴

득량역

'그곳은 어디인가 / 바라보면 산모퉁이 / 눈물처럼 진달래꽃 피어나던 곳은……'

곽재구의 시처럼 늘 두고두고 그리워했던 곳. 진달래 지천인 오봉산 아래 작은 간이역 득량역은 봄날의 아지랑이처럼 늘 아련한 그리움으로 남아 있다. 득량역 가는 길은 봄빛으로 넘쳐났다. 겨울을 이겨낸 보리가 초록의 빛으로 봄바람에 살랑인다. 들일 가는 시골아낙네의 짙은 흙냄새가 바람결에 묻어온다.

1977년부터 2013년 현재도 영업 중입니다

간이역은 한산했다. 따가운 햇살과 무서운 정적만이 지루하게 남아 있다. 손님 셋만 내려준 기차는 다시 길을 떠났다.

득량역 대합실은 말끔히 변해 있었다. 문화역을 표방하며 탈바꿈한 득량역은 도외지의 무슨 카페처럼 말쑥했다. 역무원은 고재도 씨 혼자였다.

페인트로 쓴 낡은 글씨가 간판을 대신하고 있는 '역전이발관'은 굳게 닫혀 있었다. 대신 유리창에 공병학 씨의 연락처가 남겨져 있었다. 요즈음은 손님이 거의 없어 이발소를 종종 비우는 대신 전화를 하면 언제든 이발을 할 수 있다는 역무원의 말이 생각났다. 전화기 너머로 이발사 공병학 씨의 카랑카랑한 목소리가 울렸다. 여수에 문상을 가서 오늘은 힘들겠다며 내일 보자고 했다.

"다방으로 가보시오. 우리 마누라니께. 아니면 길가에 포니 차 보이죠. 거기 보면 우리 아들 전화번호가 적혀 있소. 거기로 한번 연락해보소."

전화를 끊자마자 다방에서 넉넉하게 사람 좋아 보이는 아주머니 한 분이 나왔다.

"이짝으로 오시오. 커피나 한잔 하고 가시게."

이발사 공병학 씨의 부인이자 이곳에 문화역거리를 조성한 공주빈 씨의 어머니 최수라 할머니다. 다방으로 들어가자 '1977년부터 2013년 현재도 영업 중입니다' 라고 적힌 문구가 맨 먼저 들어왔다. 할머니는 매실차를 내줬다. 20년이나

득량의 유일한 행운다방은 1977년에 처음 문을 열었고 최수라 씨가 84년에 인수하여 지금에 이르고 있다.

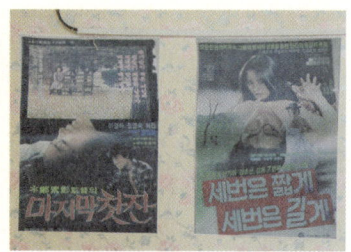

테이블 위에 놓인 화랑 성냥, 〈선데이 서울〉, 운세 보는 기계와 벽에 붙은 영화 포스터 등이 옛 향수를 자극한다.

되었다는 매실차답게 깊은 맛이 우러났다. 길보다 무릎께 낮아 보이는 다방 안은 7, 80년대 분위기였다.

벽 한쪽에는 나훈아, 정수라, 하춘화, 이미자, 윤수일 등 오래된 LP판이 진열돼 있었다. 아직도 음악이 나오느냐는 여행자의 말에 할머니는 "그럼요." 하며 자리에서 벌떡 일어나 LP판 한 장을 꺼내 턴테이블에 올렸다. 윤수일의 〈아파트〉다. 착 가라앉은 오전의 공기를 뚫고 추억의 소리가 나지막이 조금은 들뜬 듯 다방 안에 울려 퍼지기 시작했다.

흥얼거리며 엉덩이를 들썩거리다 알록달록 꽃무늬 벽에 붙어 있는 성인 영화 포스터에 눈길이 갔다. 아, 근데 대략 난감이다. 영화 포스터의 그림이 야했다. '마지막 찻잔'은 그렇다 치더라도 '세 번은 짧게 세 번은 길게'라는 제목에선 고개를 갸우뚱거리다 남녀 배우의 묘한 눈빛과 야한 사진을 보고서야 폭소를 터뜨리게 됐다.

테이블 위에는 라이터 대신 성냥이 놓여 있다. 그것도 화랑성냥. 동전을 넣어 운세를 보는 기계도 아직 작동한다. 멈춘 괘종시계가 한쪽 벽면을 장식하고 있다. 검은 다이얼 전화기와 잭을 꽂아 전화를 연결하는 낡은 교환대는 이 다방이 예전 마을의 모든 전화와 소식을 총괄했던 지휘소였음을 상기시켜 주고 있다. 붉은 나무 상자에 담긴 다이얼을 돌리는 빨간 공중 전화기에는 '용건만 간단히'라고 적혀 있다.

그 옆 벽에는 '중요지명 피의자 종합수배' 전단지가 단단히 붙어 있다. 왠지 험상궂어 보이는 범죄자의 얼굴과 신상에 절로 오싹해진다. 삐꺽거리는 탁자 위에 놓인 〈선데이 서울〉을 비롯한 각종 잡지 등도 이곳이 꽤 오래된 다방임을 말해주고 있었다. 이야기 도중 할머니가 20년은 족히 된 보해소주 됫병을 가져왔을 때에는 거의 까무러칠 정도로 웃음이 터졌다.

숲속의 집과 집을 잇는 강골마을 옛길

득량역에서 자전거를 빌려 타고 울창한 대숲으로 둘러싸인 강골마을로 향했다. 오목하게 들어간 마을 입구 때문인지 밖에서는 겨우 집 한두 채가 보일까 말까 한데 안으로 들어서니 마치 신선들이 살 법한 비밀 공간이 숨겨져 있었다. 동구 밖 좁은 산모롱이를 돌아서면 떡하니 나오는 마을이 무슨 요술 속의 공간처럼 느껴졌다.

강골마을은 '골짜기 동' 자를 써 강동江洞마을이라 불린다. 예전에는 송죽이 울창하고 마을 앞까지 바닷물이 들어와 백로가 서식한다 하여 그렇게 불렸는데, 지금은 간척이 되어 드넓고 비옥한 농토를 안마당 삼고 있다.

마을을 빙 둘러서 있는 강골마을 옛길은 가운데로 지름길도 나 있다. 집에서 집으로 이동하는 길이 숲길이라는 건 이곳만의 독특한 풍경이다. 마을의 중심이라

강골마을 옛길은 숲속의 집과 집을 잇는다.

고 할 수 있는 이용욱 가옥과 이식래 가옥, 이금재 가옥이 있는 곳을 제외하곤 숲속에서 집들이 각자의 풍류를 즐기고 있다.

이런 숲속의 독립된 공간은 아치실댁에 이르면 절정에 달하게 된다. 아치실댁은 마을에서 약간 떨어진 길의 끝자락 산기슭에 있다. 마치 깊은 산중의 암자처럼 고요한 이곳에 햇빛은 넘치고 넘쳤다. 툇마루에 걸터앉아 사방 숲에서 지저귀는 새소리와 사각대는 대숲소리, 바람에 몸을 섞는 나무소리를 들으며 하염없이 시간을 보냈다. 시간이 멈춘 듯하다.

이곳에 처음 온 이들은 '이런 별천지가 있나' 하고 모두 감탄을 한단다. 그러나 밤이 되면 이곳은 조금은 무서운 공간이 되는 모양이다. 너무 외따로 떨어져 있다 보니 단체가 아닌 몇몇이 와서는 무섭다며 이 집에서의 숙박을 포기하고 마을에 있는 다른 집을 찾아 밤도망을 하는 경우가 허다하다고 한다. 여행자도 처음 인터넷에서 사진을 보고 멋들어진 이 집에 반해 예약하려 했다가 마을 관계자인 박향숙 씨가 만류를 하는 바람에 포기했다.

한 마을에 중요민속자료가 4곳

대숲이 울창한 강골마을에서 가장 아름다운 곳은 열화정이다. 마을의 제일 높은 자리에 깊이 침잠해 있는 열화정에 오르면 한 폭의 그림이 따로 없다. 정자로 가는 길에 깔린 박석의 리듬감과 쭉쭉 뻗은 대나무가 싱그럽다. 나무 그림자가 몇을 감는 연못도 아름답지만 건물 자체가 주는 그윽함도 비길 데가 없.
아담한 일각문, 목련 · 석류 · 벚나무 · 대나무 등 온갖 나무들이 주변의 숲과 어울려 아름다운 공간을 연출해낸다. 별다른 정원시설 없이도 아름다움으로 충만한 원림의 자연스런 아름다움을 이곳에서 볼 수 있다.
열화정에서 마을로 내려오면 이금재 가옥이 나온다. 안채의 뒤쪽이 ㄷ자인 보기 드문 형태다. 중요민속자료 157호로 지정된 이 가옥의 목재들은 벌목한 다음 바닷물에 충분히 담가서 강도를 유지하게 만들었다고 한다. 이금재 가옥에선 오봉산 자락이 무척이나 다양한 풍경을 보여준다.
이금재 가옥과 나란히 붙어 있는 집이 중요민속자료 159호인 이용욱 가옥이다. 강골마을의 중앙에 위치한 이용욱 가옥은 마을에서 가장 큰 집이다. 솟을대문을 한 행랑채에 사랑채, 중문채, 곳간채, 안채, 사당까지 갖추어져 오래된 고가의

강골마을에서 가장 아름다운 열화정 풍경.

강골마을에는 중요민속자료가 4곳이나 있다. 사진은 이금재 가옥(왼쪽), 이용욱 가옥(위), 이식래 가옥이다.

면모를 유감없이 보여준다. 이 집 역시 오봉산을 바라보고 있는데 툇마루에 앉아 오봉산을 바라보면 실제보다 가까이 보인다. 원근감을 표현한 우리 조상들의 지혜를 느낄 수 있는 가옥이다. 집 앞으로는 연못이 조성되어 있어 이 집의 유래를 더욱 깊게 한다.

이외에도 초가로 된 이식래 가옥도 중요민속자료 160호다. 본채와 사랑채가 초가인데 비해 광채는 특이하게 기와로 지어졌다. 생산된 곡식과 농자재 등의 보관을 중요시했다는 것을 엿볼 수 있다. 이 광은 이용욱 가옥과 붙어 있어 자연스럽게 담장의 구실도 한다. 이용욱 가옥을 중심으로 예전에는 한 가족이었던 것이 각기 이식래 가옥과 이금재 가옥으로 분가되었음을 알 수 있다. 강골마을에서 숙박을 하면 이식래 가옥에서 시골밥상을 먹을 수 있다.

이용욱 가옥과 이금재 가옥 사이에는 특이한 샘이 하나 있다. 일명 '소리샘'이라는 곳인데 우물가 담장에 네모난 구멍이 뚫려 있어 붙여진 이름이다. 일부러 뚫어 놓은 이 돌구멍 사이로 집주인은 마을 사람들의 얘기를 엿듣고, 마을 사람들은 대감 집을 엿보곤 했다. 이 좁은 돌로 만든 창이 서로의 소통공간인 셈이었다. 강골마을은 약 950년 전 양천 허씨가 이곳에 정착하면서부터 마을이 형성되었다. 그 후 원주 이씨가 500년 동안 거주하였고 광주 이씨가 이곳에서 정착하게 된 것은 400년 전이다.

인터뷰하러 와서 이발을 하다

다음날 강골마을을 나와 역전이발관을 찾았다. 전날 여수에 문상을 가서 만날 수 없었던 이발사 공병학 할아버지와 미리 연락을 한 탓에 이발소는 일찌감치 문이 열려 있었다. 선선한 오전의 봄바람이 햇빛을 따라 이발소 깊숙이 넘나들었다. 이리저리 안을 살피고 있는데 작은 키에 다부진 할아버지가 들어왔다.
미리 이발을 할 거라고 말한 뒤여서 그런지 할아버지는 그다지 놀라워하지는 않았다. 다만 인터뷰하러 온 사람이 이발한 건 처음이라며 멋쩍게 웃었다. 이발소가 매일 문을 열지 않아 이발하는 장면을 찍기가 어려울 것 같아 부득이하게 여행자가 직접 이발을 하게 됐다 했더니 그저 가만히 웃기만 했다. 그러면서 요즈음 워낙 이발 손님이 뜸해 동네 사람 섭외도 쉽지는 않을 거라며 덧붙였다.
할아버지는 예당중학교를 나와서 서당을 1년 정도 다니다가 50년 전인 1965년에 처음 이발 일을 시작했다. 예당은 지금도 그렇지만 당시에도 득량보다는 훨씬 큰 마을이었다. 예당에서 이발 기술을 배워 이용사 자격을 땄다. 당시에는 이발사라 안 하고 이용사라 했다. 군대에서도 이발병을 했고 예당에서 이발소를 친구와 얼마간 같이하다 혼자 서울로 가서 이발소에서 일을 했지만 6, 7년 뒤 다시 득량으로 내려와 지금까지 이곳에서 이발사를 하고 있다. 지금의 이발소를 인수한 것은 1977년. 40년 가까이 된 세월이다.

"내 마음대로 깎아주겠소이. 얼굴 생긴 대로 이발을 하지 뭐. 예전에는 손님이 들어오면 얼굴만 딱 보고 어떤 식으로 잘라야겠다, 바로 알았지. 요즈음은 남자들도 전부 미용실에 가는데 사람 얼굴 모양과 상관없이 일률적으로 깎는 것 같아."

할아버지는 하얀 가운을 입고 어른 주먹만 한 비누통을 부지런히 저었다. 그리고는 거품이 잔뜩 묻은 붓으로 머리에 비누칠을 시작했다. 이유를 물었더니 스프레이를 뿌렸거나 무스를 바른 머리카락을 부드럽게 적셔주기 위해서란다.

손님 한 명이 와도 대여섯 명의 종업원이 붙어 서비스를 하던 이발소

지금은 혼자지만 예전엔 일하는 사람만 해도 대여섯 명이었다고 했다. 머리 깎는 이발사부터 면도하는 사람, 감기는 사람, 안마사, 드라이하는 사람까지 각자 분업해서 했다. 손님 한 명이 와도 대여섯 명의 종업원이 붙어 서비스를 했으니 손님이 왕이라고 굳이 말하지 않아도 왕 대접을 받는다는 것쯤은 이발소를 들락거리다보면 자연 알게 되는 것이었다. 40년 전 당시 150원 했다던 이발료가 지금은 1만 1천 원이다. 물가를 따지면 거의 변동이 없다고 봐야겠다.

"곱슬머리구먼. 아주 좋은 머릿결을 가졌어. 옛날 아이롱 파마처럼 자연스럽구먼. 6, 70년대에는 연탄불로 데워서 곱슬머리를 만들었지."

세면장에 있는 물뿌리개도 당시의 것이냐고 물었더니 그렇게 오래된 것은 아니고 그때는 물뿌리개 없이 수건에 적셔서 머리를 감겼다고 했다. 다만 면도날을 닦는 피대^{혁대}는 이발소를 인수할 때인 1977년부터 있었다고 했다. 이곳에서 가장 오래된 물건이다. 옷을 넣는 벽장도 그렇고 전기를 바꾸는 변압기도 예전 물건이었다.

한창 잘나갔던 시절에는 설날이나 추석 명절 즈음에는 하루에 손님이 30명이 넘었는데 새벽부터 시작해서 다음날 아침까지 밤을 새는 것도 다반사였다. 지금은 손님이 일주일에 너댓 명 될까 말까 한다. 대개 마을 사람들이고 전화로 연락을 미리 하면 이발을 해준다.

30여 분이 지났지만 할아버지는 여전히 느긋하게 머리카락을 자르고 있었다. 머리카락 한 올 한 올 정성을 다하는 모습에서 장인의 혼이 느껴질 정도였다. 머리 자르기가 끝나자 이번에는 피대에 면도날을 몇 번 쓱쓱 문지르더니 면도를 시작한다. 이윽고 등받이 없는 둥근 의자에 앉히고는 양동이에 가득한 뜨거운 물과 세면대 수도의 차가운 물을 바가지로 섞어 물뿌리개에 담아 머리에 붓기 시작했다. 거동이 힘든 노인 분들은 머리뿐만 아니라 세수까지 시켜준다고 했다. 수건으로 머리를 닦고 의자에 앉았다. 곧바로 그의 말대로 '시아기^{드라이}'가 시작됐다.

"지금 50대 여자들은 고등학교 다닐 때 모두 여기 이발소에서 단발로 잘랐어. 다방 아가씨들의 간단한 머리카락 정도는 직접 잘랐지. 근데 사위들은 아무리 말해도 나한테 머리를 안 깎아. 부담스러운 게지. 대신 손자들은 가끔 오면 머리를 깎곤 해. 허허."

아내 최수라 씨가 운영하던 다방은 우회도로가 나고 나서 사양길이 되었고, 이발소도 아이들과 학생들이 줄어들자 자연 손님이 감소할 수밖에 없었다.

"앞에 붙어 있는 사진은 일본 NHK에서 촬영왔을 때 우리 딸이 찍은 거라. 지난 2월 6일 문화역 행사 때였지."

할아버지가 의자에 누운 손님을 면도하고 있는 사진이었다. 물론 방송을 위해 연출된 장면이었는데 딸이 기념으로 사진에 담았다고 했다.

"혹시 몰라서 미용실에서 자른 모양 그대로 깎았어요. 너무 다르면 어색할 수도 있으니…… 자, 다 됐어요."

얼버무리는 그의 말에 오랜 연륜이 묻어 있었다. 미용실에서 머리 깎는 것이 마치 공장에서 만들어내는 구두 같다면, 이발소에서 이발하는 건 일일이 손으로 작업하여 만든 수제화 같다는 생각이 들었다.

추억이 새록새록, 득량역 문화장터

득량역 문화거리는 기껏해야 몇 십 미터밖에 되지 않는 거리지만 지나간 추억들을 들추어내기에는 충분할 정도로 옹골차게 꾸며져 있다. 득량역 주변 빈 점포와 공간을 활용해 장난감가게, 문구점, 사진관, 만화방, 옛 득량역, 옛 득량초등학교 교실 등이 있다. 물론 가게 안에 있는 것들은 모두 옛날 물건들이다. 학교 교실에 들어가 풍금도 쳐보고 분필로 칠판에 낙서도 할 수 있다. 난로 위에 얹은 도시락도 옛날 그대로다. 교실 입구 출입문에 매달려 있는 종은 '땡땡땡' 하며 수업의 시작을 알린다. 뿐만 아니라 빈 벽에는 각종 영화포스터와 박정희 전 대통령 담화문 벽보 등이 붙어 있어 시간이 멈춘 듯하다. 득량역 문화역거리는 공병학 이발사의 아들 공주빈 씨가 주도적으로 만들었다. 이곳 빈 점포는 모두 이발사 할아버지의 소유로 되어 있다. 처음에 이발소, 다방에서 시작해서 하나하나 사 모으기 시작한 것이 오늘에 이른 것이다.

득량역 문화거리는 2011년 문화체육관광부 공모사업 문화디자인 프로젝트 간이역 '득량역 전통문화공간 조성사업'에 선정되어 국비 1억 원과 군비 1억 원, 총 2억 원의 예산을 지원받아 조성됐다. 2013년에도 문화디자인 프로젝트 공모사업에 보성군 '득량면 추억의 거리 조성사업'이 선정되는 기염을 토했다. 2013년 2월 6일 있었던 '문화의 거리 개장식' 때는 일본 NHK에서도 촬영을 해갔다. 경전선 구간 중 아름다운 이야기와 추억이 깃든 테마 역으로 득량역과 벌교역을 선정해 일본 전역에 생방송되었다. 이외에도 관광객을 맞는 맞이방, 야외무대, 거북바위를 관망하여 소원을 비는 소원맞이 전망대, 그리고 강골전통마을, 중수문길, 비봉공룡공원, 해평리 돌장승, 득량만 등 득량 곳곳을 누빌 수 있는 자전거 투어 코스도 조성됐다. 앞으로도 2차, 3차 계획이 잡혀 있는데 그때가 되면 경전선의 대표 테마 역으로 거듭날 것이다.

보성 차밭 풍경의
핵심은 곡선미!

보성역

　　보성차밭 가는 버스는 자주 있었다. 역 광장 버스정류장에는 할머니들이 자리를 차지하고 있었고, 이따금 가벼운 옷차림의 젊은이들이 보였다. 보성차밭에 가려면 평소에는 역 앞 버스정류장에서, 보성오일장이 열리는 2일과 7일에는 육교상회 앞에서 타야 한다. 예정대로라면 버스는 이미 떠났을 텐데 다행히 11시 55분발 버스가 아직 도착을 하지 않았단다. 말이 끝나기 무섭게 버스가 왔고 10여 분 달린 끝에 보성차밭에 도착했다. 놓쳤다고 생각했던 버스를 타게 된 행운 때문에 점심을 차밭에서 먹어야 했다.

결코 짧지 않은 차밭의 역사

차밭에는 두 군데의 식당이 있었다. 각자의 취향대로 음식을 주문했다. 녹차비빔밥, 녹차생선가스, 녹차돈가스. 모든 음식에 녹차 이름이 들어갔고 녹차 잎이 들어 있었다. 나중에 의견을 종합해보니 비빔밥이 가장 높은 점수를 차지했고, 다음 돈가스, 생선가스 순이었다. 녹차 잎을 비벼 먹는다는 것이 약간은 생소했으나 입에 머무는 향이 좋았다.

느긋하게 점심을 먹고 삼나무 숲을 걸었다. 전날 내린 비로 계곡물도 졸졸졸 제법 흘렀다. 바람도 선선하니 산책하기 딱 좋다. 녹차밭에 오면 제일 좋은 건 싱그러움이다. 다음으론 구불구불 이어진 곡선의 아름다움이다. 낭창낭창 휘어지는 차밭 풍경은 마치 거대한 초록 물결이 밀려왔다 밀려가는 느낌이다.

바람은 선선한데 땡볕은 여전했다. 양산을 꺼내 차밭을 걷는 모녀의 모습이 선으로 그린 그림 같다. 차밭을 더운 날에 찾는다는 건 무척 어리석은 일이지만 눈맛은 시원스럽기 그지없다.

흔히 보성의 차밭 역사는 일제강점기 일본인 회사 경성화학주식회사가 1941년에 조성한 것으로 알려져 있다. 1939년에 차 재배의 적지를 찾아 우리나라 곳곳을 찾아 헤매던 일본인들이 멈춘 곳이 바로 이곳이라고 전해진다. 차가 잘 자라려면 날씨가 따뜻하고 연평균 강우량이 1500mm 이상 되어야 하나 이곳은 강우량이 부족한 데 비해 안개가 자주 끼어 습기를 보충해 주는 곳이어서 선택받았다.

그러나 사실 이곳의 차밭은 일본인들이 기업식 재배를 하기 오래 전부터 존재해 왔다. 《동국여지승람》과 《세종실록지리지》에 이곳이 차의 산지로 기록되어 있다. 해방과 한국전쟁을 거치면서 차밭은 방치되어 있다가 1957년 장영섭 회장이 대한다업주식회사를 설립하여 대단위 차밭을 일구고 다른 회사들이 들어오면

서 점차 차밭의 규모가 커지게 되었다. 지금은 대한다업(주) 보성다원으로, 흔히 '대한다원'으로 불린다.

차밭 한쪽으로 난 길을 따라 정상에 올랐다. 차밭 너머로 산 능선이 펼쳐지고 득량만과 여자만의 푸른 물결이 넘실거린다. 아주 낮은데도 탁 트인 전망을 가진 곳이다. 흔히 보성차밭의 매력을 들면서 삼나무 숲을 첫손에 꼽는 이들이 많다. 그도 아니라면 4, 5월에 찻잎 따는 풍경을 들기도 한다. 삼나무 숲은 각종 CF와 드라마로 이미 유명세를 얻었고, 찻잎 따는 풍경은 이미 사진으로 많이 알려져 있다.

여행자는 그런 각색된 풍경보다 그냥 차밭의 일상이 좋다. 차밭을 걷는 젊은 연인이라든지, 손자의 손을 꼭 잡고 힘겹게 오르는 할머니라든지, 더워서 가기 싫다는 아이를 종용하는 아주머니라든지, 무리가 아닌 그저 한둘이 차밭을 손질하는 일꾼들이라든지 뭐 이런 풍경들이다. 차밭을 거닐며 카메라에 담고 풍경에 감탄하는 그저 그런 차밭의 일상이 좋다.

보성차밭 제대로 여행하기

그런 일상을 한층 돋보이게 하는 것이 바로 차밭의 곡선미다. 구불구불 낭창낭창 스멀스멀 기어가는 듯한 차밭의 수십 개 몸뚱어리가 일제히 꿈틀대는 모습은 한 폭의 작품이다. 이런 풍경은 차밭을 오르면서 보는 것보다 정상에서 내려다보면 훨씬 또렷해진다.

정상에서 보면 마치 하늘에서 내려다보는 느낌이다. 지상의 인간들과 자연에 일정한 거리를 두니 적당한 긴장감이 생긴다. 그 긴장감은 다시 내면으로 들어와 묘한 어울림을 쏟아낸다.

263

보성차밭에 가면 가까이 있는 한국차박물관은 꼭 가볼 일이다. 이곳에 가면 차 만들기 등 다양한 체험을 할 수 있고 차에 대한 모든 것을 알 수 있다.

보성차밭을 거니는 방법은 여러 가지가 있다. 시간적 여유가 없다면 정상에 오르지 않고 중앙계단을 따라 통나무집이 있는 곳까지 갔다가 '수녀와 비구승' CF 촬영지를 거쳐 벚꽃 길로 내려오면 된다. 여유를 갖고 보성차밭을 찬찬히 둘러보고 싶다면 좀 더 발품을 팔아야 한다. 그렇다고 해도 가벼운 산책 정도이므로 지레 겁먹을 필요는 없다.

중앙계단을 올라 통나무집에서 향나무 숲을 지나 차밭전망대와 바다전망대까지 오르면 된다. 이곳에서 다시 오른쪽으로 난 숲길로 들어서면 편백나무 숲이 나온다. 숲 중간에는 시원한 물줄기를 뿜어내는 앙증맞은 폭포도 있고 계곡물도 졸졸 흐른다.

팔각정에 이르면 길은 다시 광장으로 이어진다. 약간의 아쉬움이 있다면 왼쪽 산으로 난 길을 따라가면 주목나무 숲과 단풍나무 숲, 대나무 숲을 만날 수 있다. 날씨가 선선해지는 가을이면 이곳을 호젓하게 걷는 것도 좋다.

차밭에서 놓쳐서는 안 될 한 가지. 바로 녹차 아이스크림이다. 여느 아이스크림과 별 반 차이가 없어 보이나 초록의 차밭을 바라보며 입안에서 녹여 먹는 재미가 쏠쏠하다.

한국차소리문화공원

대한다원을 나와 주차장 옆으로 난 길을 따라 '한국차소리문화공원'으로 갔다. 대개의 사람들이 차밭만 둘러보고 돌아가는 바람에 정작 이곳은 한산하기 그지없다. 소리의 고장답게 차와 소리에 대한 복합적인 공간인 공원 내에는 한국차박물관과 소리청이 있다.

공원 가는 길의 산비탈에도 역시나 차밭이 조성돼 있다. 아직 풋내가 나는 어린

차밭이지만 이곳도 머지않아 옹골찬 보성의 차밭과 어깨를 견줄 것이다. 계곡 너머로 아담한 한옥 한 채가 보이는데 소리청이다. 판소리의 고장답다. 보성에서는 지난 1998년부터 보성소리축제를 열고 있다.

한국차박물관은 3층으로 된 전시관으로 전망대가 있어 눈맛이 시원하다. 입장권은 자동발매기를 통해 구입하면 되는데 버스시간이 촉박하여 허둥대자 안내원이 대신 뽑아주었다. 별 기대 없이 들어왔는데 잘 정돈된 1층 차 문화실에 들어서는 순간 사뭇 진지해졌다.

차에 대한 기본적인 이야기부터 차와 건강, 차 마시는 문화 등 차에 관한 다양한 것들을 소개하고 있다. 게다가 대개 홍차, 녹차 정도로만 알고 있던 차의 종류에 대한 설명도 아주 상세하다. 가공 방법에 따라 산차 · 말차 · 고형차 · 긴압차 · 발효차 · 반발효차 · 홍차 · 우롱차 등으로, 모양에 따라 전차 · 단차 · 병차 · 타차 · 긴차 · 주차 · 인두차 등 셀 수 없이 많은 차들이 있다. 보성차뿐만 아니라 세계 각국의 차에 대한 소개도 하고 있다. 그래픽 패널과 영상, 디오라마를 통해 차의 재배에서부터 생산까지의 과정을 알기 쉽게 보여주는 것도 특징이다.

2층 차 역사실은 차의 발자취를 한눈에 볼 수 있도록 시대별 차 도구를 전시하고 있다. 교육 및 체험공간인 3층 차 생활실은 한국 · 중국 · 일본 · 유럽의 차 문화를 직접 체험해 볼 수 있다. 박물관을 찾는 모든 관람객들은 차 체험을 할 수 있고, 20인 이상 사전 예약을 하면 다례교육과 차 만들기 등을 경험할 수 있다.

율포의 녹차해수탕

한국차소리문화공원과 함께 꼭 들러야 하는 곳이 율포해수욕장이다. 율포 가는 길 봇재 전망대에서 보는 차밭 풍경도 좋고 율포 녹차해수탕에 지친 몸을 풀고

드넓은 모래해변을 거니는 것도 좋다.

율포는 득량만 깊숙이 자리한 작은 포구다. 녹차밭에서 버스를 타고 5분 남짓이면 율포에 도착한다. '밤개'라고 불리는 이 바닷가마을은 지형이 늙은 쥐가 밤을 주워 먹는 형국이라 밤 율栗 자에, 개 포浦 자를 써서 '율포'라 했다.

보성차밭이 지척에 있음에도 외지인들은 부러 찾아오지 않는 곳, 그래서 율포에선 한적한 바다를 즐길 수 있다. 1km가 넘는 긴 해변을 그냥 걷거나 이따금 보이는 조개껍질과 끼룩대는 갈매기와 노니면 된다. 그러다 피곤하면 그 좋은 녹차해수탕에 몸을 담그면 피로가 말끔히 가신다.

보성, 알고 봤더니 소리의 고장!

보성역 앞 작은 광장에는 '판소리 서편제 보성소리 고장'이라고 적힌 기념비가 있다. 판소리는 흔히 알려진 대로 섬진강을 사이에 두고 '동편제'와 '서편제'로 나뉜다. '동편제'가 우렁차다면 애절한 '서편제'가 보성의 소리다. 서편제의 비조 박유진 선생이 주로 보성에 살면서 활동을 했는데, 만년에 '서편제'에 '동편제'의 특성을 끌어들여 '강산제'라는 독특한 소리를 만들었다. 이후 정응민, 정권진 등 보성 소리꾼들이 그의 소리를 이어받아 '보성소리'를 완성했다. 그 명맥은 지금까지 이어지고 있는데, 박유전이 살던 보성읍 대야리 강산마을에는 그의 노래비가 있고 차밭에서 회천 쪽으로 가면 정응민 생가가 있다.

이곳에도 걷기 좋은 '다향길'이 있다. 전체 4코스로 이루어져 있는데, 제1코스는 한국차박물관 주차장에서 출발하여 율포해수욕장까지의 16km 남짓으로 5시간이 소요된다. 제2코스는 율포에서 서당리까지의 7.7km로 3시간 소요, 제3코스는 서당리에서 비봉공룡공원까지의 9km로 4시간 소요, 제4코스는 비봉공룡공원에서 득량만까지 9km로 4시간 정도 소요된다. 이 길은 보성의 차와 소리, 공룡알 화석지를 재발견하며 걷는 길이다.

☞ 보성역에서 보성차밭 가는 버스는 1시간에 한두 대 있을 정도로 자주 있다. 보성역 앞 버스정류장에서 타면 된다. 평소에는 역 앞 버스정류장에서, 보성오일장이 열리는 2일과 7일에는 육교상회 앞에서 타야 한다. 한국차박물관(☎061-852-0918)은 매주 월요일, 1월 1일, 설날 및 추석 당일에 휴관한다. 입장료는 1000원이다. 율포해수욕장은 차밭에서 버스로 5분 거리니 여유가 있다면 들르는 게 좋다. (☎보성터미널 061-852-2777)

PLUS | 사진으로 보는 광주선①의 역사 驛舍

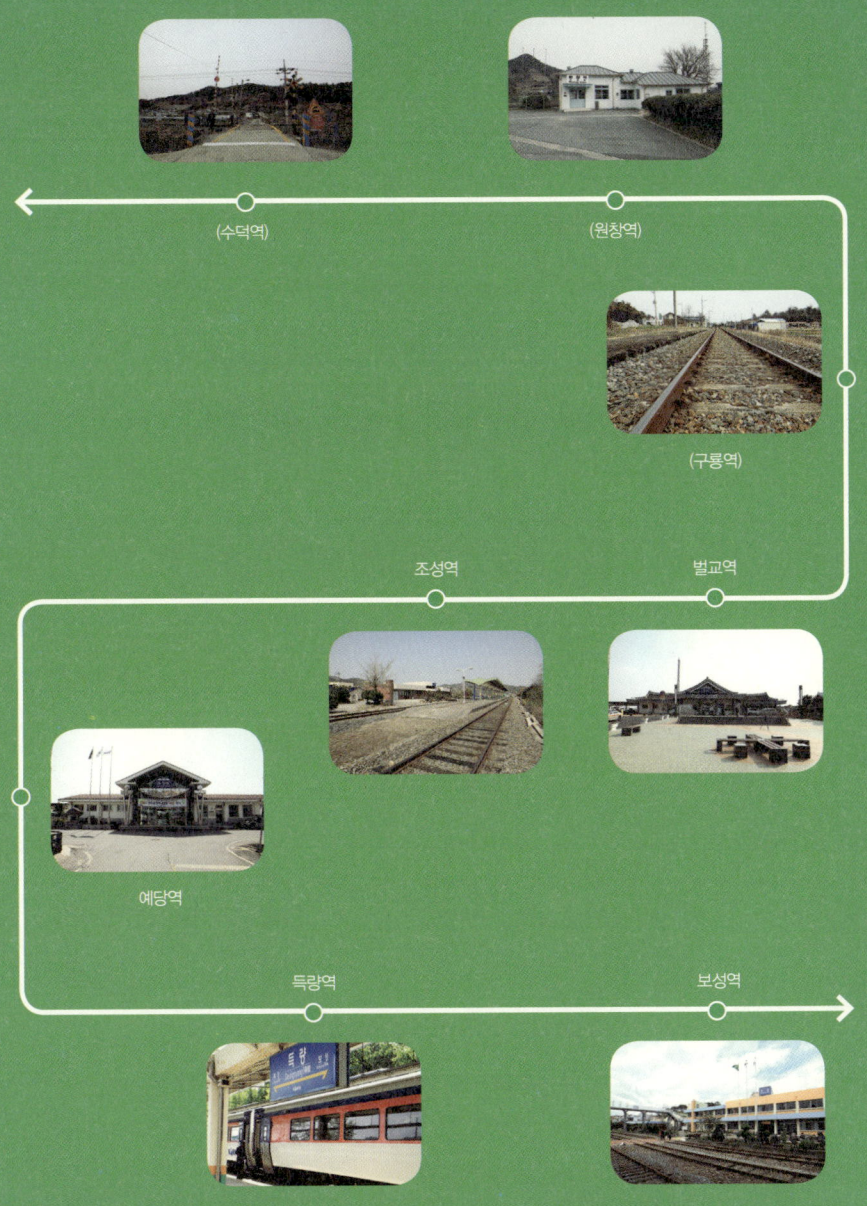

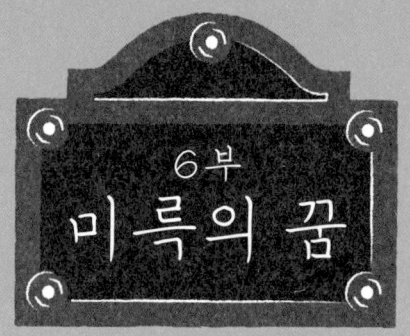

광주선② 1930

역사 너머로 해가 비스듬히 눕기 시작했다. 번득이는 유리와 쇳조각의 직선이 두드러진 역사는 도시의 건물답게 낯설었다. 경전선 300.6km를 달리며 만난 숱한 역들. 그 끝에서 가장 번잡한 광주송정역을 마주하게 되었다. 햇빛이 건물 옥상 모서리에 날카롭게 부딪히는가 싶더니 이내 다이아몬드처럼 둥글둥글 파편이 되어 사라진다. 순간 뭉클해졌다. 작년 6월. 밀양 삼랑진에서 시작한 경전선 여행, 꼭 1년 만에 종착역인 이곳 광주송정역에 이른 것이다. 아니 다시 그 출발점에 선 것이다.

설렘을 품게 한 산사의 기억

이양역

쌍봉사에 와본 지도 벌써 10년이 훌쩍 지났다. 작고 아담해서 절이라기보다는 집처럼 아늑했던 곳. 아주 평범하고 순한 구릉과 논들을 지나 느닷없이 나타났던 산사의 모습은 묘한 기대감과 설렘을 품게 했었다. 지금은 새로이 담장도 길게 이어지고 못 보던 전각도 몇 채 늘었다. 천왕문을 지나자 입구부터 연등세계가 펼쳐진다. 터널같이 둥글게 매달린 연등 너머로 3층 목탑이 보인다. 1984년에 불에 탄 후 1986년에 다시 지어진 목탑은 예스러운 맛은 덜하지만 쌍봉사 하면 제일 먼저 떠올리게 되는 건축물이다.

철감선사 승탑으로 가는 대나무숲길은 그 옛날 초의선사
가 걷던 길이기도 하다.

초의선사와 철감선사

지장전과 극락전에 올랐다. 지장전의 보살은 하나같이 소름이 끼칠 정도로 그 묘사가 적나라하다. 어쩜 이리도 잘 깎았는지, 장인의 내공이 예사로 보이지 않는다. 지장전의 목조지장보살상은 전남 유형문화재 제253호로 일괄 지정돼 있다. 금칠을 해 언뜻 보기에는 목조불로 보이지 않는 극락전의 불상도 후덕하다. 배흘림기둥의 그 천연덕스러움에 고개를 끄덕이게 되는 극락전도 3층 목탑이 탔을 때 피해를 입을 뻔했으나 수백 년 된 단풍나무가 불길을 막아 지켜냈다. 온몸으로 화마를 막아낸 단풍나무는 영광스런 상처를 드러낸 채 오늘도 당당히 법당에 오르는 불자들을 맞이하고 있다.

북적대는 법당을 벗어나 철감선사 승탑 가는 길로 들어섰다. 우거진 대밭에선 초의선사의 선바람이 불어왔다.

    북창 아래서 졸다가 깨어나니
    은하수는 기울고 먼동이 터온다
    에워싼 산은 가파르고도 깊은데
    외딴 암자는 적막하고 한가하구나
    밝은 달빛은 누대에 들어서고
    바람은 산들산들 난간에서 인다
    침침한 기운은 나무들을 감쌌고
    찬 이슬은 대나무 마디에 흐르네
    평소 조심했으나 끝내 어긋났으니
    이런 때 맞으니 도리어 괴로워라
    남들이야 이 심사를 알 리 없으니
    싫어하고 의심함 사이 피할 길 없네
    어찌 미연에 막지를 못했던가
    서리 밟는 지금 오한이 이는구나
    보나니 동녘은 점차 밝아오고
    새벽 안개는 앞산에서 몰려온다.

                      – 〈한가윗날 새벽에 앉아서〉, 정찬주 옮김

초의선사1786~1866가 최초로 썼다는 이 시는 초의선사가 쌍봉사로 와서 금담선사에게 참선을 익히던 중에 지은 것이다. 1807년인 22세 때 한가윗날 새벽에 일어나 철감선사 승탑으로 가는 대나무숲길을 걸으며 자신을 되돌아보며 지은 시로 알려져 있다. 초의선사는 이후 해남 대둔사로 돌아가 다산 정약용에게 엄격한 시정신과 시작법을 배워 선풍이 감도는 절창의 시를 남긴다.

산비탈에 담장을 두른 승탑에는 오랜 감나무 한 그루가 초입을 지키고 있었다. 노승을 시중드는 동자승처럼 오랜 세월 속에 나무도 속절없이 고목이 됐다. 철감선사는 798년^{원성왕 14}에 태어나 18세에 출가했고 868년^{경문왕 8}에 쌍봉사에서 입적했다.

쌍봉사는 대한불교 조계종 제21교구 본사인 송광사의 말사다. 신라 경문왕 때 철감선사 도윤이 창건하고 자신의 도호를 따 쌍봉사라 하고 구산선문의 하나인 사자산문의 기초를 닦았다. 그의 종풍을 이어받은 징효가 영월의 흥녕사^{지금의 법흥사}에서 사자산문을 열었다. 생전에 그의 덕망이 널리 알려지자 경문왕은 그를 궁중으로 불러 스승으로 삼았다. 그가 죽은 후에는 '철감국사'라는 시호를 내렸다.

절정의 조각 솜씨, 쌍봉사철감선사탑

국보 제57호로 지정된 쌍봉사철감선사탑은 8각 원당형의 기본형이다. 전체를 대강 눈대중으로 보고 각 부분을 살펴보느라 눈길이 절로 바빠진다. 아래부터 눈길을 두어 찬찬히 살펴봤다.

각이 없는 둥근 밑돌^{하대석} 하단에는 구름무늬가 가득하고, 그 사이로 꿈틀거리는 용의 모습이 언뜻언뜻 보인다. 팔각인 상단은 엎드리거나 고개를 젖혀 뒤를 돌아보거나 뒷발을 물고 있는 다양한 사자 상들이 생생하게 새겨져 있다. 가운뎃돌^{중대석}도 역시 팔각인데 각 모서리를 연잎으로 기둥을 조각하고 사이 면

쌍봉사철감선사탑은 국보 제57호로 지정된 8각 원당형의 기본형이다. 천 년이 넘은 승탑과 할아버지는 이미 둘이 아닌 하나인 듯했다.

쌍봉사철감선사탑의 조각 솜씨는 지붕돌에 이르러 유감없이
발휘되어 최고조에 달한다. 동전보다 작은 2cm의 수막새기와
안에 연꽃무늬를 새기고 처마 밑에 연목과 부연의 서까래를
아주 섬세하게 새겨 넣고 그것도 부족했는지 처마 아랫면에
비천상, 향로, 꽃무늬를 빈틈없이 새겨 넣었다.

에 안상눈 모양을 새긴 후 그 가운데에 얼굴이 매우 큰 가릉빈가극락정토에 살며 사람의 얼굴과 팔에 새의 몸을 가진 불경에 나오는 상상의 새를 새겨 넣었다. 둥근 연화대와 팔각의 몸돌받침인 윗돌상대석은 훌쩍 높다. 16장의 연꽃잎이 금방이라도 바람에 날릴 듯 사실적인데 화려한 꽃무늬가 장식돼 있다. 몸돌받침에는 상다리 모양의 기둥이 새겨져 있고 그 사이에 안상을 깊게 판 후 비파·나팔·바라 등의 악기를 연주하는 가릉빈가를 하나씩 새겼다. 윗돌과 몸돌 사이도 그냥 두지 않고 가느다란 선 무늬를 넣거나 연꽃잎을 새기는 등 세밀하기 그지없다.

팔각의 몸돌탑신에는 배흘림기둥을 세웠다. 목조건축의 짜임이 뚜렷한 몸돌 윗부분도 그러하거니와 앞뒤로 자물통이 달린 문이 나 있고, 그 좌우에 사천왕상이 있으며 옷자락을 휘날리는 비천상이 한 쌍씩 두 면에 새겨져 있다. 지붕돌 또한 팔각인데 금방이라도 빗물이 자르르 흘러내릴 것 같은 낙수면과 기왓골의 정연함에 절로 감탄이 나온다.

지붕돌에 이르러 조각 솜씨는 유감없이 발휘돼 절정에 달한다. 동전보다 작은 지름 2cm의 수막새기와 안에 연꽃무늬를 새기고 처마 밑에 연목과 부연의 서까래를 아주 섬세하게 새겨 넣었는데 그것도 부족했는지 처마 아랫면에 비천상·향로·꽃무늬를 빈틈없이 새겨 넣었다. 마치 목조 건축물의 추녀를 그대로 보는 듯하다.

이 정교한 아름다움 앞에서 숨이 멎는 듯했다. 필생의 작업으로 신앙적 발원이 아니고서는 도저히 이룰 수 없는 경지를 보여주는 걸작이다. 지극히 화려하지만 전체는 장중하다. 다만 상륜부가 없어지고 어느 때인가 상했을 지붕돌 추녀의 깨짐에 감동 이상의 아픔이 무겁게 내려앉는다. 국보란 이름이 결코 아깝지 않은, 아니 그 아름다움은 국보라는 도식의 너머에 있다. 연곡사의 동승탑을 처음

봤을 때의 그 전율이 다시 온몸에 느껴진다. 십수 년 전 분명 이 승탑을 봤음에도 다시 전율이 오는 건 무슨 이유일까.

바로 곁에 있는 철감선사탑비보물 제170호도 그렇다. 그 능청스러운 표정하며 왼발은 땅에 붙인 채 막 걸음을 떼려 세 발가락을 살짝 든 오른발을 보면 금방이라도 뚜벅뚜벅 걸어 나올 태세다. 아주 생동감 있고 사실적이다. 사각의 바닥돌 위에 용머리를 한 거북은 여의주를 물고 있다. 정수리에는 뿔을 나타낸 듯한 돌기가 있고 등껍질에는 두 겹으로 된 귀갑문이 정연하게 배치돼 있다.

용 모양을 새긴 비석의 머릿돌에는 여의주를 다투는 용조각과 구름무늬가 현란하게 새겨져 있다. 앞면 가운데에 '쌍봉산철감선사탑비'라는 명문이 두 줄로 새겨져 있다. 비신은 일제강점기에 잃어버렸다고 한다. 철감선사탑비 '철감'은 시호이며 탑의 이름은 '징소'다. 다시 승탑을 살피기 시작했다. 행여나 미처 보지 못한 것이 있을 수 있겠다 싶어서다. 보고 또 봐도 놀랍고 놀라울 뿐이다.

이따금 오가던 사람들의 발길도 뚝 끊겼다. 할아버지 한 분이 느릿한 걸음으로 다가왔다. 안내문을 한참이나 뚫어지게 바라보더니 승탑을 물끄러미 쳐다봤다. 그리고 깊은 한숨을 내쉬었다. 휴~! 그 긴 한숨소리에 여행자는 순간 얼어붙었다. 천 년이 넘은 승탑과 할아버지는 이미 둘이 아닌 하나인 듯했다. 할아버지가 승탑을 떠나고 난 후에도 여행자는 한동안 발길을 돌리지 못했다. 승탑 주위를 맴돌았다. 위에서 보고 아래서 올려보고 옆으로 뉘어 보기를 몇 차례, 자꾸 돌아봐지는 고개를 애써 돌려 승탑을 내려왔다. 너와정자에 홀로 앉았다. 앞산에서 몰려온 바람이 잠시 길을 잃고 정자에서 멈췄다. 구름이 높았다.

다락방이 있는 2층 정자, 학포당

이양역에서 쌍봉사로 가는 한적한 시골길로 접어들면 쌍봉사 가까이 왼쪽으로 기와집과 500년은 족히 넘었음직한 거대한 은행나무가 시선을 끈다. 학포당[전남 기념물 제92호]이다. 조선 중종 때의 학자이자 서화가인 학포 양팽손이 사용하던 서재다. 양팽손은 능성현[주면]에서 태어나 1510년[중종 5]에 조광조와 함께 사마시에 합격했다. 1516년에 식년문과에 갑과로 급제해 교리로 재직하던 중 1521년에 기묘사화를 당해 관직에서 물러났다. 이후 이곳 고향에서 학포당을 짓고 책을 읽으며 지냈다. 지금의 건물은 1920년에 다시 지은 것이다.

학포당은 여느 정자와는 다른 구조를 보여준다. 건물 중앙에 방을 배치하고 그 주위 앞면과 양 옆면의 삼면에 툇마루를 내었는데 다시 가운데 방 뒤로 작은 골방이 있다. 게다가 위층에는 사방으로 세살창을 낸 높다란 다락까지 있다. 일반적으로 쉼과 수양의 공간인 정자는 간단한 구조인데 학포당은 실용성을 갖춘 살림집의 면모까지 갖고 있다.

유서 깊은 고장, 경전선 최고의 풍경

능주역

종점인 쌍봉사를 출발한 218-1번 광주행 버스는 질주했다. 이양을 지나자마자 지석천이 차창 오른쪽으로 모습을 드러낸다. 풍광이 제법이다. 이런 풍경에 정자가 빠질 리 없다. 당연히 송석정, 침수정, 부춘정, 죽수서원, 영벽정 등 수려한 정자가 하나씩 모습을 드러냈다. 영벽정을 마지막으로 버스는 능주로 들어섰다. 불과 수십 분 만에 이양을 지나 능주에 도착한 것. 오늘은 능주에서 1박을 할 계획이다.

적막한 조광조 유배지

초입부터 마을은 예사롭지 않았다. 이 고을이 유서 깊은 고장임을 알리듯 마을 입구에는 기와지붕을 인 거대한 일주문 같은 구조물이 떡하니 서 있었다. 삼거리 택시회사에서 휴식을 취하고 있던 기사에게 조광조적려유허비전라남도 기념물 제41호를 물었더니 주유소에서 왼쪽으로 꺾어 마을길로 들어가라고 했다.

포장길을 타박타박 걸었다. 동북아지석묘연구소를 지나니 주유소가 나왔다. '조광조 선생 유배지'라고 적힌 붉은 안내문이 보인다. 차들이 쌩쌩 달리는 도로에서 마을 골목으로 접어들었다. 장대하게 뻗은 정자나무 아래로 나지막한 흙담장이 둘러쳐 있고 그 옆으로 마을 사람들의 쉼터 구실을 했을 평상 하나가 놓여 있다. 나무 아래서 잠시 다리쉼을 하며 갈 길을 가늠하는데 유적지가 바로 눈앞에 나타났다.

이곳에는 조광조1482~1519 선생의 적려유허비가 있다. 적려란 귀양 또는 유배되어 갔던 곳을 이르며, 유허비는 한 인물의 옛 자취를 밝히어 후세에 알리고자 세워두는 비를 말한다. 비는 받침돌 위로 비신을 세우고, 머릿돌을 얹은 모습이다. 받침돌은 자연석에 가까운 암석으로 거북의 형태다. 머릿돌은 반달 모양으로 앞면에는 두 마리의 용이 엉켜 있고, 뒷면에는 구름을 타고 오르는 용의 모습이 조각되어 있다.

정암 조광조는 17세에 어천지금의 평안북도 영변 찰방으로 부임하는 아버지를 따라갔다가 희천에 유배와 있던 한훤당 김굉필에게서 글을 배워 사림파의 학통을 이어받게 된다. 1515년중종 10에 알성시에 급제하면서 벼슬길에 들어선 조광조는 성균관 전적, 사헌부 감찰, 사간원 정언, 홍문관 부제학 등을 거쳐 1518년에는 대사헌이 되었다. 부제학을 하면서 왕 앞에서 학문을 강의하는 등 신임을 얻은 그는

조광조 선생 유배지에는 그의 영정을 모신 영정각, 유배생활을 했던 '적중거가'라고 적힌 초가 한 채, 적려유허비가 있는 비각, 강당인 애우당이 있다.

정계에서 두각을 나타내기 시작한 신진사류의 대표적인 존재가 되었으며 기존 훈구 세력의 부패와 비리를 공격했다.

소격서 철폐, 향약 실시, 현량과를 실시하는 등 개혁정치에 가속을 더한 그는 중종을 왕위에 오르게 한 공신들의 공을 삭제하는 위훈삭제 등 개혁을 단행하다가 결국 1519년 11월 훈구파의 모함을 받아 이곳 능주면 남정리에 유배되어 1개월만인 12월 20일에 사약을 받고 죽임을 당했다. 그 후 1667년(현종 8)에 이르러 당시 능주 목사였던 민영로가 비를 세워 선생의 넋을 위로하고 그 뜻을 새겼는데 우암 송시열이 비문을 짓고 동춘 송준길이 글씨를 썼다.

유적지에는 그의 영정을 모신 영정각, 유배생활을 했던 '적중거가'라고 적힌 초가 한 채, 적려유허비가 있는 비각, 강당인 애우당이 전부였다. 적막한 기운이 유배지를 감돌았다. 늦은 봄날의 내리쬐는 강렬한 햇빛에 모든 것이 그늘로 숨어든 듯 텅 빈 유적지엔 개미 한 마리 얼씬하지 않았다. 마루에 걸터앉아 누각 안의 현판을 읽어 본다. 유배생활 중 정암을 매일같이 찾아온 학포 양팽손에게 쓴 '능성적중시綾城謫中詩'에는 그의 당시 심정이 오롯이 담겨 있다.

'누가 이 몸을 활 맞은 새 같다고 가련히 여기는가 / 내 스스로 말 잃은 늙은이 같은 마음으로 웃고만 있네 / 원숭이와 학이 울어대지만 난 돌아가지 못하리 / 엎어진 독 안에서 나올 수 없다는 것을 어찌 알 수 있으리오.'

명예관리인 오정섭 할아버지

"상수도관上水道管 고장故障으로 폐색閉塞하였사오니 보조화장실輔助化粧室을 이용利用하여 주시기 바랍니다. 관리인管理人 백白"

한자로 적은 화장실 안내 문구가 눈에 들어왔다. 안내문을 많이 봤지만 이렇게 정성들여 쓴, 그것도 한자를 섞어 쓴 글씨는 처음이다. 조선시대 유배지로서의 분위기를 드러내고 싶어서였을까. 이 글씨를 쓴 사람은 누굴까. 마루에 걸터앉아 빈 하늘을 올려다보는데 인기척이 났다. 모자를 눌러쓴, 약간 마른 노인 한 분이 다가왔다.

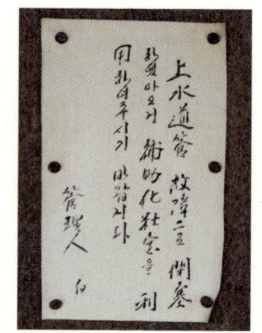

화순군 문화재 명예관리인 오정섭 할아버지(오른쪽 위)와 그가 직접 쓴 화장실 문구.

"어디서 오셨습니까? 열심히 사진을 찍고 무얼 적는 걸 봤습니다. 괜찮으면 책 몇 권을 주겠소."

모자를 쓰고 있었지만, 꼿꼿한 자세와 흐트러지지 않은 목소리에 선비의 결기 같은 것이 느껴졌다. 그는 애우당 뒤 한쪽 구석에 있는 광을 자물쇠로 열고 작은 책자 두 권을 꺼내왔다. 표지에는 《미완성의 이상주의 조광조》《정암 조광조 선생과 이 고장의 문화유적》이라고 적혀 있었다. 각기 14쪽과 16쪽 정도의 요약문이었지만, 조광조와 이 유적지를 널리 알려야겠다는 마음이 그대로 담긴 소책자였다. 표지에는 '화순군 지정문화유적 명예관리인 오정섭'이라고 투박하게 적혀 있었다. 할아버지가 바로 오정섭 씨였다.

오정섭 할아버지는 1944년부터 철도청에 근무하다 1985년 능주역장을 마지막으로 41년간의 철도원 생활을 끝내고 이곳 고향에서 향토문화에 관심을 갖고 살아왔다고 했다. 특히 이곳 정암 선생 유적지는 매일같이 둘러보고 간다고 했다. 문화유적에 대한 그의 관심은 남다른데 특히 조광조 선생에 대한 흠모가 매우 깊었다. 30년 가까운 세월 동안 이곳에 들러 잡초를 뽑거나 소책자를 만들어 찾는 이들에게 나눠주는 일을 아무런 대가 없이 하고 있는 것이다. 이런 그를 보고 화순군에서는 2003년 6월 화순군 문화재 명예관리인으로 위촉했다.

"일단 이곳을 찾는 분들은 남달라요. 조광조 선생에 대한 관심과 애착이 없다면 오겠어요. 큰 볼거리가 있는 것도 아닌데……. 선생님의 개혁정치가 성공했다면 우리나라 역사도 많이 달라졌겠지요? 참 안타깝지요. 그냥 휙 둘러보고 갈 곳은 아닌데……. 이곳에 왔으면 적어도 선생의 삶과 사상에 대한 조금의 이해라도 하고 가야 안 되겠어요."

그의 눈빛은 구순을 앞두고 있는 노인이라기에는 믿기지 않을 정도로 형형했고 말은 꼿꼿하기 이를 데 없었다. 이런 오정섭 할아버지의 열정은 2011년에 빛을 보게 된다.
한국문화원연합회 전남도지회 주관 향토문화공모전에 출품한 〈능주목牧의 향토문화변천사〉가 전남향토문화상 본상을 수상한 것이다. 정암 선생에 대한 그의 이야기는 진지하기 그지없었다.
현판을 읽고 건물을 다시 둘러보는데 유허비 양쪽에 서 있는 은행나무 두 그루가 눈에 들어왔다. 그런데 이상하게도 무성해야 할 잎이 하나도 달려 있지 않았다. 3년 전 농약을 잘못 쳐서 고사했다며 할아버지는 안타까워했다. 조선시대에는 이곳에서 선비가 사약을 마시고 생을 달리하더니, 오늘에는 선비의 나무가 농약을 먹고 생명을 다했다. 참으로 우연치고는 아이러니한 일이다.

흔히 조광조는 시대를 앞서간 개혁가지만 너무 저돌적이고 급진적인 개혁정치를 추진해서 실패했다고 한다. 지금도 그렇지만, 역사는 기득권 세력이 스스로 물러서는 법이 결코 없음을 보여주고 있다. 조광조는 선조 초에 신원되어 영의정에 추증되었고 광해군 때에 이르러 문묘에 배향되었다.

"하늘이 그의 이상을 실행하지 못하게 하면서도 어찌 그와 같은 사람을 내었을까"

뒷날 율곡 이이는 조광조의 실패를 안타까워하며 김굉필, 정여창, 이언적과 함께 동방사현東方四賢의 한 사람으로 그를 꼽았다.

죽수서원에 들렸다가 영벽정을 가기 위해 지석천 제방을 따라 걸었다. 영벽정이 가까워지자 물길은 호수처럼 넓어졌다. 영벽정 일대를 느긋하게 둘러보고 다시 능주 소재지로 향했다. 예정대로라면 이곳 능주에서 하룻밤을 묵어야겠지만 생각보다 일찍 여정이 끝나 화순으로 넘어가기로 했다. 화순으로 가는 마지막 기차는 저녁 7시 7분에 있었다.

해가 뉘엿뉘엿 역사 너머로 넘어가기 시작했다.
너무나 예쁜 능주역. 난 이 작은 시골역의 유일한
여행자이자 마지막 승객이었다.

유서 깊은 고장 능주, 조광조 선생을 모신 죽수서원

능주는 조선시대에 인조의 어머니인 인헌왕후의 고향이라고 하여 한때는 목으로 승격되기도 했다. 인근에서 가장 세력이 큰 고을이었던 능주는 지금도 시골치고는 큰 마을을 이루고 있다. 비록 화순에 속해 있지만 나이든 사람들은 뿌리 깊은 고장에 대한 독특한 자존심을 지니고 있다.

능주에서 3km, 사방이 산으로 둘러싸인 죽수서원[전라남도 문화재자료 제130호]은 깊은 골짜기에 자리하고 있다. 1570년[선조 3]에 사액서원으로 지어져 정암 조광조 선생을 모셨다. 1630년[인조 8]에는 학포 양팽손의 위패를 추가로 모셨다. 양팽손은 능성현 출신으로 조광조와 함께 등용되어 강론했고 그가 세상을 뜨자 제사를 지냈다. 서원은 1868년[고종 5]에 서원철폐령으로 훼철되어 제단만 남았던 것을 1971년 도곡면 월곡리 학포 부조묘 옆에 지었다가 1983년 현재의 위치에 다시 복원했다.

경전선 최고의 풍경 능주팔경 영벽정

영벽정을 언제 지었는지는 정확히 알 수 없다. 다만 양팽손과 김종직이 쓴 시 등으로 보아 16세기 후반에 관아에서 지은 것으로 추측된다. 이후 1632년(인조 10)에 능주 목사 정윤이 아전들의 휴식처로 고쳐 지은 것으로 전한다.

정자는 앞면 세 칸, 옆면 두 칸의 2층 누각이다. 기둥 위에 마루를 깐 중층의 누각에서 강물을 내려다보는 눈맛이 시원하기 그지없다. 이 정자의 특이한 점은 지붕 처마를 3겹으로 처리한 점이다. 정자에 오르면 지석천과 연주산이 기둥 사이로 들어오고 병풍 두르듯 빼곡히 걸린 현판들에는 옛 사람들의 글귀가 걸려 있다. 시원한 물줄기에서 불어오는 푸른 산바람에 풍류가 절로 인다.

지석천 상류에 자리 잡은 영벽정은 연주산을 마주보고 있다. 일찍이 주위 경관이 아름다워 많은 시인묵객들이 다녀간 풍류의 산실로 '능주팔경'으로 꼽혀 왔다. '영벽'이라는 이름은 정자의 맞은편에 있는 연주산의 자태가 지석천의 맑은 물빛에 비춰지는 모습 때문에 붙여진 이름이다. 산이 비친 강을 담은 영벽정의 운치는 계절마다 아름다움을 달리한다. 영벽정이 다시 세상에 알려진 건 기차가 지나면서다. 여행자는 이곳을 경전선 최고의 풍경이라고 부르는데 주저하지 않는다.

천불천탑 미륵의 꿈을 꾸다

화순역

　　　전남 화순 하면 으레 고인돌이나 운주사를 떠올리기 마련이다. 왠지 벽지 산촌일 것 같은 화순에 대한 짐작은 이 땅에 들어서는 순간 반신반의하게 된다. 골짜기로 들어가는 길이 궁벽한 곳으로 이어지면 고개를 끄덕이다가도, 곳곳에 산재해 있는 수많은 유적들을 보고서는 겉핥기로는 세상의 어떤 곳도 제대로 알 수 없음을 화순 땅에서 실감하게 된다. 예상보다 여행이 속도를 내고 있었다. 능주에서 하룻밤을 자려는 계획은 수정해야 했고, 광주행 마지막 기차에 올랐다.

화순역, 1980년 5·18의 흔적

능주를 떠난 기차는 10분 만인 저녁 7시 17분에 화순역에 도착했다. 어스름이 내리기 시작한 하늘에 붉은 노을이 구름 속을 물들이고 있을 즈음이었다. 막차여서 그런지 승객들은 다소 늘어진 자세로 느릿느릿 걸음을 옮겼지만, 역사에서 나온 역무원은 마감을 위해 부산을 떨었다.

대합실에서 읍내 가는 버스시간을 물어보고 광장 끝으로 이어진 찻길로 향했다. 번듯한 역사와는 달리 골목은 아직 시간의 지층을 벗어나지 못하고 있었다. 다시 역 건물 쪽으로 고개를 돌리는데 광장 구석으로 비석 같은 게 눈에 들어왔다. 5·18민주화운동 사적비였다.

> 여기 화순역 광장은 1980년 5·18민중항쟁 당시 화순군민들이 분연히 일어섰던 곳이며 5월 21일 계엄군의 발포 이후 우리도 더 이상 당할 수 없다면서 화순역전파출소에서 총기 750여 정, 실탄 600여 발이 최초로 시민들의 손에 들어간 곳이며 화순 군민들이 이들에게 빵과 음료수 등 식량을 제공한 현장이다.

까만 대리석 비석에는 〈화순 그대 영원한 참세상의 고향이여〉라는 김준태의 시와 지도, 그림 등이 새겨져 그날을 기리고 있었다. 아, 그랬었지. 한동안 잊고 있었던 그 무엇이 가슴 저 밑에서 올라왔다. 그러고 보니 바로 내일이 5·18이었다. 여행 동선을 바꿔 5·18 현장을 답사하기로 마음을 먹고서야 그날 밤 비로소 잠이 들었다.

화순에서 광주로 넘나드는 너릿재는 1971년 터널이 생기기 전까지 험했던 고개였다. 지금은 너릿재공원이 있다.

관이 고개를 넘나들었다는 너릿재

서늘한 공기에 선잠을 깼다. 택시를 불러 너릿재로 갔다. 옛날부터 광주에서 화순으로 오거나 화순에서 광주를 가려면 이 너릿재를 넘어야 했다. 지금이야 길이 뚫려 고개를 넘기 쉽지만, 예전엔 험하기 이를 데 없었다. 터널이 생기기 전에는 큰 눈이 오면 한 달 넘게 길이 끊기기가 예사였고, 대낮에도 도적이 많았다고 한다. 오죽했으면 행실이 안 좋으면 '칼 들고 너릿재나 갈 놈'이라고 했을까.

너릿재라는 이름은, 고개로 오르는 길은 구불구불하고 가파르지만 고갯마루는 제법 널찍하고 평평한 '너른 재'라는 뜻에서 왔다. 한자로는 판치板峙라 했다. 수많은 널, 즉 관이 이 고개를 넘나들었다는 데서 그 이름이 붙여졌다는데 얼마나 많았으면 이름이 죽음과 결부될까.

1519년 11월 정암 조광조도 능주 유배길에 이곳을 지나갔는데 결국 12월에 사약을 받고 목숨을 잃었다. 1895년에는 동학농민군이 이곳에서 무더기로 처형되었고, 1907년 능주 출신의 의병장 양회일이 이끄는 부대가 화순을 점령하고 광주를 공략하기 위해 너릿재를 넘으려 했지만 매복한 관군에게 많은 사람들이 희생되고 양회일은 체포됐다.

뿐만 아니라 1946년 8월 15일 화순탄광 광부들이 광주에서 열리는 해방 1주년 기념식에 참석하기 위해 이 고개를 넘었다가 미군과 경찰의 총격을 받고 쓰러졌다. 1950년 7월에는 국민보도연맹에 얽힌 이들이 너릿재 인근에서 학살됐고, 9월에는 광주형무소에 있던 수많은 사람들이 끌려나와 너릿재를 넘어 화순읍 교리의 저수지 근처에서 영문도 모른 채 죽임을 당했다. 1980년 5월의 학살이 하루아침에 이루어진 우연의 비극이 아님을 역사는 말해주고 있다.

너릿재에서 5·18의 흔적은 거의 찾아볼 수 없었다. 다만 터널 옆 산기슭에 조성된 공원의 몇몇 시비와 2013년 5월 16일에 설치된 5·18민주화운동 기념조형물에서 당시 광주의 흔적을 겨우 읽을 수 있었다. 아이러니한 것은 2012년 너릿재 옛길이 '아름다운 숲'에 선정됐다는 것이다. 아름답고도 슬픈 일이다. 아니 슬퍼서 아름다운 것인가?

10일 동안 시위를 벌인 화순 경찰서 사거리

5·18의 흔적을 더 찾아야 했다. 화순경찰서 앞 터미널에 작은 표지석이 하나 있다는 택시기사 황태근 씨의 말에 다시 택시를 돌렸다. 새벽부터 길을 나서서 그런지 터미널에 도착했을 때에는 채 아침 8시도 되지 않은 이른 시각이었다. 경찰서 앞 사거리는 시골의 소읍치곤 제법 번잡했다. 광주로 오가는 버스가 쉴 새 없이 터미널 앞을 지나갔다. 터미널 뒤 대한석탄공사 통근버스가 여러 대 서 있는 주차장 한 구석에서 비석을 겨우 찾을 수 있었다.

> 여기 화순 경찰서 사거리는 1980년 5·18 민주항쟁 당시에 계엄군의 폭압과 학살에 맞서 항쟁 10일 동안 줄곧 시위를 벌인 곳으로 특히 화순탄광에서 획득한 대량의 다이너마이트를 트럭에 싣고 전남도청을 향해 달려갔던 현장이다.

10일 동안 시위를 벌이고 다이너마이트를 트럭에 싣고 다녔다는 글에서 어떤 비장함과 결기가 느껴졌다. 그러나 작고 초라한 비석에 그 옛날의 함성이 점점 잊히고 있는 건 아닐까 하는 염려와 불안이 엄습해오는 건 왜일까? 화순을 더 알고 싶었다. 광주로 가는 버스를 물끄러미 바라보고 있는데 발길은 절로 터미널을 향하고 있었다.

할머니를 닮은 석불, 우연은 아니었다

화순군내버스터미널을 찾았다. 남평역으로 가려면 일단 광주로 나가야 했다. 버스노선을 정확히 몰라 터미널에서 길을 묻기로 했다. 조금은 궁벽해 보이는 터미널에서 매표소를 찾고 있는데 가만히 앉아 버스를 기다리는 할머니 한 분이 눈에 들어왔다. 고운 모습에 끌려 다가갔더니 놀랍게도 할머니는 머리에 비녀를 찌르고 있었다.

천궁리 2구에 사신다는 조귀순 할머니. 천궁리는 화순군 동면에 있는 마을이다. 사진촬영 허락을 구했다. 여행길에서 노인 분들에게 사진 촬영을 부탁하면 늘 돌아오는 답은 한결같다. 다 늙은 거 찍으면 뭐 할꼬. 아니나 다를까. 할머니도 똑같은 말을 하신다.

그러면서도 촬영을 시작하자 이내 한껏 웃으신다. 그 표정이 너무나 해맑아 주위 사람들도 다 같이 웃는다. 맑은 웃음에 수줍음까지 더해 아흔이라는 연세는 금세 잊히고 만다. 할머니는 유독 수줍음이 많았다. 사진을 찍는 동안 할머니는 수십 년 전 소녀의 모습으로 돌아가 있었다. 입을 가려 웃는 모습은 영락없는 새색시다. 양쪽으로 가르마를 타고 곱게 빗어 넘긴 머리에 비녀를 꽂은 모습을 보고 몰려든 사람들이 한마디씩 거든다. 참말로 고우시다! 할머니는 더욱 부끄러워했다.

터미널 주위는 화순 교통의 요지였다. 운주사 가는 178번, 182번 버스도 자주 있다. 길 건너편에선 광주 가는 버스가 연신 멈췄다 떠나기를 반복했다. 화순공공도서관 입구 편의점 앞에서 벽나리 가는 버스를 기다렸다. 벽나리로 곧장 가는

화순군내버스터미널에서 만난 조귀순 할머니와 화순대리 석불입상의 표정이 똑같다.

250번 버스가 막 지나가 버려서 20여 분을 기다린 끝에 252번 버스를 탈 수 있었다. 평일인데도 버스는 만원이었다. 252번 버스는 읍내를 조금 에둘러 가서 벽나리까지 가는 데 시간이 배나 걸렸다.

운 좋게도 마침 빈자리가 있었으나 얼마 가지 않아 할아버지께 자리를 양보해야 했다. 벽나리 민불을 보러 간다고 했더니 할아버지는 가장 가까운 곳에 여행자를 내려주라고 기사에게 부탁을 했다. 자리를 양보해준 고마움을 할아버지는 길 안내로 갚고 있었다.

"여기서 내려요."

할아버지가 큰소리로 말했고 버스는 소방서 앞에서 멈췄다.
들판 가운데에 석불이 있었다. 정식 명칭은 화순대리석불입상전남문화재자료 제243호이다. 수로를 따라 논두렁을 조심조심 건너 석불로 다가갔다. 석불의 얼굴을 보는 순간 깜짝 놀라고 말았다. 바로 아까 터미널에서 본 할머니의 얼굴이었다!
화순대리석불입상은 보성과 화순을 지나는 길목에 있다. 사찰에서만 볼 수 있는 불상이 개인의 기복과 마을의 안녕을 비는 길거리에서 쉽게 대하는 불상이 되면서 민불民佛로 불리었다. 그 얼굴도 부처의 엄숙함에서 벗어나 민초들의 소박한 표정이 담겨 있다. 불교와 민간신앙이 섞인 형태로 그 생김새가 매우 친근하다. 석불과 할머니의 얼굴이 닮은 것은 어찌 보면 우연은 아니었다.
화순대리석불입상은 문화유적이 많은 화순의 다른 지역과 달리 변변한 유물이 없어 다소 밋밋할 수 있는 화순 읍내에 홍일점과 같은 존재다. 화순읍에서 남쪽으로 경전선 철길이 달리는 논 한가운데에 있는 석불은 얼핏 보면 무슨 기념비

'벽나리민불'로도 불리는 화순대리석불입상은 경전선 옆 논 가운데에 있다. 돌기둥과 같은 느낌을 주는 화순대리석불입상은 조선시대 후기 돌장승에서 흔히 보는 양식이다.

처럼 보이기도 한다. 잘 자란 느티나무 두 그루를 큰 양산 삼아 서 있는 모습에서 사뭇 위엄까지 느껴진다.

그들만의 미륵세상을 꿈꾸다

가까이에서 보니 석불은 제법 키가 크다. 멀리서의 위엄 있는 모습과는 달리 친근하고 해맑은 인상이다. 동그란 맨머리에 기름한 눈은 편안하다. 넓적한 코는 장승처럼 순박했고 일자형의 입은 도톰하니 작은 것이 순하다. 턱과 목이 구분되지 않고, 목 부분이 어깨로 바로 연결되어 돌기둥과 같은 느낌을 주는 조선시대 후기 돌장승에서 흔히 보는 양식이다.

석불은 돌기둥에 가까운 자연석을 사각형으로 대충 다듬은 뒤 앞쪽에 얼굴 부분만 돋을새김을 하고 나머지 턱 밑으로 내려온 몸체 부분은 선각으로 처리했다. 주변에 절터로 추정할 만한 곳은 없고 다만 동쪽으로 약 500m 떨어진 곳에 이 고장 출신인 진각국사송광사 16국사 중 제2세 탄생설화와 관련된 학서정이 있을 뿐이다. 이 석불을 마을에선 미륵이라고 부른다.

미륵. 이곳에는 한 기가 있을 뿐이지만 인근의 운주사에 가면 수백 기의 미륵이 모여 있다. 아득한 신앙의 세계에 머물던 불교를 생활 속으로 끌어와 신앙물인 민불民佛에 의탁한 것이다. 비록 투박하여 외경의 대상은 아닐지라도 삶터에 깊이 뿌리내려 마을의 안녕과 개인의 복을 빌며 미륵세상을 꿈꾸었을 것이다. 마을 사람들은 농사철이 되면 당산나무 아래 석불을 보며 새참도 먹었을 것이고, 아이들은 이 둔덕을 놀이터삼아 뛰어다녔을 것이고, 뜨거운 여름에는 마을 사람들의 쉼터가 되었을 것이다. 이곳은 그 자체로 고단한 몸과 마음을 달래는, 이미 작은 미륵세상이었을 것이다.

화순. 수천 년 된 아득한 시절 인간의 역사가 깃든 고인돌과 조광조가 이상사회를 꿈꾸었던 곳, 동학농민군과 의병과 탄광 노동자들이 새로운 세상을 꿈꾸었던 곳. 5·18 때는 너릿재를 넘어 군민들이 광주로 달려갔던 곳. 어쩌면 그들은 이 고개를 넘으면서 새로운 세상에 대한 염원이 결코 허황된 꿈이 아니라는 확신을 가졌을 것이다. 전국을 떠돌다 이곳 화순 동복에서 마지막으로 숨을 거둔 김삿갓, 그가 본 것은 또한 어떤 세상이었을까?

흩날리는 부드러운 가을비 속에 / 꿈꾸는 눈 하늘을 관조하는 / 와불 / 구전에 따르면, 애초에 세 분이었으나 한 분 시위불이 / 홀연 절벽 쪽으로 일어나 가셨다 / 아직도 등을 땅에 대고 누운 두 분 부처는 / 일어날 날을 기다리신다 / 그날 새로운 세상이 도래할 거란다. / (……중략……) / 기다리고 나이를 먹고 비가 온다 / 운주사에 내리는 가랑비는 / 가을의 단풍잎으로 구르고 / 길게 바다로 흘러 / 시원의 원천으로 돌아간다. / 두 와불의 얼굴은 이 비로 씻겨 / 눈은 하늘을 응시한다 / 한 세기가 지나는 것은 구름 하나가 지나는 것 / 부처님들은 또 다른 시간과 공간을 꿈꾼다 / 눈을 뜨고 잠을 청한다 / 세상이 벌써 전율한다.

-르 끌레지오의 <운주사, 가을비> 중에서.

※2008년 노벨 문학상을 수상한 프랑스의 소설가 르 끌레지오는 운주사를 찾았다가 천불천탑에 감명을 받아 〈운주사, 가을비〉라는 시를 썼다. 르 끌레지오가 운주사라는 절에 깊이 매료된 건 운주사가 우리만의 것이 아닌 세계 보편적인 의미와 공감을 담고 있는 공간이라는 걸 증명하고 있는 것이기도 했다.

전국에서 가장
아름다운 간이역

남평역

경전선 효천역에서 내렸다. 남평역에서 가장 가까운 역이기 때문이다. 역무원마저 잠시 자리를 비웠는지 역사는 쥐 죽은 듯 고요했다. 하는 수 없이 무작정 버스정류장으로 걸었다. 오십을 갓 넘겼을까. 한쪽 다리를 저는 중년의 사내에게 길을 물었다. 사내는 조금은 주저하는 듯 확신을 못하는 기색이 역력했다. 그의 남루한 가방을 들어주었다. 버스정류장에서 만난 중학생쯤 돼 보이는 통통한 사내아이가 "노란색 버스만 타면 남평으로 가는데요."라고 말하지 않았다면 버스노선표를 들여다보며 한참이나 헤맸을 것이다. 광주에서 오는 4차선 도로 위를 버스는 쌩쌩 달렸다.

사평역, 그 실체를 확인하려는 사람들

30여 분 흘렀을까. 버스가 섰다. 버스를 탈 때 기사에게 초행길이니 남평역 인근에 세워달라고 부탁을 했었다. 버스는 남평역까지 가지 않고 읍내로 곧장 간다고 했다. 역까지는 하루 두어 대의 버스만 드나드는데 그마저도 마을을 빙빙 에둘러 가니 남평읍에서 30분이나 넘게 걸린다고 했다. 그래서 읍내 가기 전 다리 앞 삼거리에서 내려 걷기로 했다. 남평역까진 3km 남짓한 거리지만 오뉴월 땡볕에 아스팔트길을 걷는다는 건 그리 호락호락한 일은 분명 아니었다.

죽산 안씨의 재실이 있는 수청마을을 지나니 숲이 도로를 가로질렀다. 풍강마을의 우량숲이다. 그 이름만큼이나 우람한 느티나무와 팽나무, 서어나무 등 37주의 나무가 숲을 이루고 있었다. 지상의 모든 걸 태울 듯한 기세의 뜨거운 햇볕도 이곳에선 잠시 주춤했다.

굳게 닫힌 광촌분교를 지나니 멀리 빛바랜 청색 표지판이 길가에 오도카니 서 있었다. 내리쬐는 뙤약볕에 너른 역 광장이 허연 생살을 무방비로 드러내고 있었고, 광장 뒤편 가운데에 조성된 작은 화단에는 꽃과 나무들이 가득했다. 제법 둥치가 굵은 나무 사이로 파란 지붕에 하얀 벽면을 한 남평역 건물이 모습을 드러냈다.

예쁘다! 나도 모르게 절로 터져나온 말이다. 광장 한쪽으로는 장독대가 열을 지어 있고 중간중간 조각품 같은 것들이 설치되어 있었다. 2012년 12월에 조성된 '티월드 갤러리'였다. 아! 그럼 역사 안이 전시공간으로 되어 있겠지, 하는 기대는 굳게 닫힌 문에 이르러 무너지고 말았다. 다만 '곽재구 시인의 〈사평역에서〉 배경역, 전국에서 제일 아름다운 간이역 남평역'이라고 적힌 나무 명패만이 또렷할 뿐이었다.

남평역. 기차 여행자라면, 〈사평역에서〉를 한 번이라도 읽은 이라면 한 번쯤 와 봤을 만한 역이다. 실상 사평역은 남광주역이라고 하지만 사람들은 이곳 남평역을 곽재구의 '사평역'으로 알고 있다. 사평역이란 결국 세상 어디에도 없는, 시에 나오는 상상의 공간임에도 사람들은 그 실체를 눈으로 확인해야 의심을 거두고 만족할 줄 알게 된다. 불상이 없으니 부처를 믿을 수 없다고 해서 불상이 생긴 것과 다름없다. 임철우는 곽재구의 〈사평역에서〉라는 시에서 영감을 얻어 〈사평역〉이라는 소설을 썼다.

> 막차는 좀처럼 오지 않았다
> (……중략……)
> 내면 깊숙이 할 말들은 가득해도
> 청색의 손바닥을 불빛 속에 적셔두고
> 모두들 아무 말도 하지 않았다
> 산다는 것이 때론 술에 취한 듯
> 한 두름의 굴비 한 광주리의 사과를
> 만지작거리며 귀향하는 기분으로
> 침묵해야 한다는 것을
> 모두들 알고 있었다
> (……중략……)

곽재구가 시에서 읊은 곳은 전라선의 어느 후미진 간이역이다. 이 작은 역에서 그가 지핀 삶과 추억의 순간들은, 우리의 깊은 정서에 닿아 생생한 아름다움으이 역과 오랜 시간을 함께했을 아름드리 나무 몇 그루와 누군가 톱밥을 던져 넣었을 녹슨 난로와 의자 하나가 하염없다. 이젠 역을 떠나야 했다. 한참을 기다려도 버스는 오지 않았다. 얼마나 지났을까. 택시 한 대가 쏜살같이 역 광장으로 들어왔다.

로 우리들의 가슴을 적신다. 임철우는 또한 어떤가? 곽재구의 시로 시작하는 소설은, 대합실에 놓인 난로 속으로 톱밥을 던져 넣으며 생각에 잠긴 인물들의 삶으로 우리를 끌어들인다.

퇴학당한 가난한 대학생, 출감했으나 마땅히 갈 곳이 없는 중년 사내, 평생 농사를 지어도 가난에서 벗어나지 못하는 농부, 술집 여자가 되어 고향을 찾은 춘심이, 돈을 훔쳐 달아난 사람을 찾으러 온 서울여자……. 소설은 이들의 상처와 아픔, 상실감을 통해 삶이 어떠한지 우리들에게 묻고 있다.

오랜 기다림 끝에 나타난 완행열차는 잠시 모습을 드러냈다 다시 긴 어둠 속으로 사라지고 만다. 애잔하고 슬프면서도 아름다운 느낌이 드는 두 작품은 '간이역의 대합실'과 '기차'라는 매개를 통해 결국 사람이 산다는 건 어딘가에서 와서 어딘가로 떠나는 것임을 말해준다.

시와 소설 속에서처럼 눈 내리는 풍경이 아닌, 햇볕이 내리쬐는 대낮의 기차역에 섰다. 분명 다른 느낌이겠지만, 인적 하나 없이 폐역이 된 이 정적 가득한 작은 간이역에서 작품 속 그 쓸쓸함과 아름다움을 느낀다.

역사와 승강장으로 이어지는 짧은 거리는 정원으로 꾸며져 있었다. 예전엔 이 짧은 오솔길로 세상과 통했겠지? 대합실에 다람쥐가 드나들고 벚나무엔 딱따구리가 구멍을 뚫었다는 옛 승무원의 말이 언뜻 동화 속 이야기처럼 떠올랐다.

역 한편에 250m 정도 되어 보이는 레일바이크가 있다. 폐역이 된 기차역을 활성화하고자 만들었겠지만 멈춘 지 오래된 듯 옴짝달싹하지 않았다. 다시 돌아와 역사 안을 기웃거렸다. 창문에 얼굴을 바짝 붙인 채 안을 들여다봤지만 햇빛에 반사된 유리엔 어떤 것도 보이지 않았다. 다만 이 역과 오랜 시간을 함께했을 아름드리나무 몇 그루와 누군가 톱밥을 던져 넣었을 녹슨 난로와 의자 하나가 하염없다. 이젠 역을 떠나야 했다. 한참을 기다려도 버스는 오지 않았다. 얼마나 지났을까. 택시 한 대가 쏜살같이 역 광장으로 들어왔다.

※2011년 10월에 여객 취급을 중단했던 남평역은 2013년 9월부터 남도해양관광열차(S트레인)가 운행을 시작하면서 14시 34분, 16시 58분 하루 두 번 정차한다.

남평읍 한바퀴

문바위

문바위전남민속자료 제32호는 '원적골'이라고 불리는 원암마을 안쪽 골목길 끝 장라산 기슭에 있다. 남평 문씨들은 이 바위에서 문씨의 시조인 문다성이 태어났다고 해서 '문암'이라 새겨 바위 위에 세웠고, 1928년 문암을 둘러싼 암각을 지었다고 한다. 지금의 전각은 1975년 문선명이 옛 암각을 헐고 다시 지어 바위를 둘러싸고 '문암각'이라는 현판을 걸었다.

지석강의 안성현 선생 노래비

지석강지석천 초입에는 '드들강 유래비'가 서 있다. 총 길이 53.5km로 화순 이양면에서 발원하여 능주면을 지나면서 충신천이라 불리고, 서쪽으로 방향을 틀어 화순천과 합류했다가 남평에 이르러 대초천과 합류하여 영산강으로 흘러든다. 그중 남평읍과 능주면 사이의 약 4km 정도를 이곳에서는 드들강이라고 한다.

엄마야 누나야 강변 살자 / 뜰에는 반짝이는 금모래 빛 / 뒷문 밖에는 갈잎의 노래 / 엄마야 누나야 강변 살자

– 김소월 시, 안성현 곡.

시인 김소월은 평안북도 정주의 바닷가 마을에서 태어났으므로 '금모래 반짝이는 강변 뜰'과 '뒷문 밖 갈잎의 노래'는 일종의 꿈이자 갈망이었을 것이다. 그러다 이 시가 안성현이라는 작곡가를 만나 이곳 나주 지석강에서 노래가 되었다. 안성현은 박기동 시인의 〈부용산〉에 곡을 부친 작곡가다. 이곳에 노래비가 생긴 것은 2009년. 안성현 선생의 고향이 바로 이곳이다. 이곳 마을 이름은 쪽돌. 물빛도 그만큼 맑고 고왔음을 알려준다.

남평향교

각종 비석이 담장 아래 일렬로 쭉 늘어서 있는 남평향교^{전남유형문화재 제126호}는 옛날부터 이 고을이 유서 깊은 고장임을 말해준다. 1472년 창건 당시에는 지금의 동사리인 남평현 동문 밖에 있다가 1534년에 지금의 자리로 옮겼다. 경사지에 지어져 전학후묘의 배치형식을 따르고 있는데 명륜당, 동서재, 대성전 등에 비교적 간단한 규모다.

100년이 넘는 역사를 자랑하는 남평초등학교

2층으로 된 남평초등학교는 초록색으로 잔디를 깐 운동장과 그 주위를 둘러싼 붉은 트랙, 잘 꾸며진 화단이 인상적이다. 느티나무 두 그루와 팽나무 두 그루는 수령이 300년이 넘어 나주시에서 보호수로 지정할 정도다. 현관 옆에 있는 동사리석등^{전남문화재자료 제95호}은 고려시대 때 것으로 전문가들은 추측한다. 남평초등학교는 1906년 6월 15일 사립영흥학교로 개교하였으며, 1911년 6월15일 남평공립보통학교로 이름을 바꾸었다. 아직도 37명의 교사에 280여 명의 학생이 있으며 2013년까지 졸업생 1만 2000여 명을 배출했다.

법수골

남평읍내 중간쯤에 작은 개울 하나가 있는데 한다리목이라 불리는 법수골이다. 옛날 이곳에서는 해마다 풍년제를 지냈는데, 남녀 목장승이 양쪽에 있고 큰 석상과 돌로 만든 제단도 있었다고 한다. 큰다리목^{한다리목}을 중심으로 동편과 서편으로 나눠 고싸움을 벌이기까지 했었는데 지금은 오백년 넘은 당산나무 두 그루조차 사라지고 없다고 했다.

남평오일장

1일과 6일에 열리는 남평오일장은 1년에 5000두 이상의 소가 거래될 정도로 큰 우시장이 서고, 하루에 3000가마니 정도가 거래될 정도로 싸전이 유명했으나 지금은 겨우 명맥만 이어져 옛 이야기로 남아 있을 뿐이다.

300.6km 경전선 남도 800리 여정을 마치다

광주송정역

여행이 막바지인데도 늘 그러했듯 여정에 대한 고민은 없다. 딱히 준비하고 정한 곳을 다니는 여행 습성이 아니다 보니 그저 발길 닿는 대로 거침없이 다닐 뿐이다. 역 앞 관광안내소에서 얻은 지도를 챙겨 들고 일단 지하철을 타기로 했다. 지하로 내려가는 에스컬레이터 벽면에는 수많은 판소리 명창들의 사진이 붙어 있었다.

지하철역에 있는 판소리 명창 전시관

송정리역은 한산하기 이를 데 없었다. 다른 대도시와는 달리 광주의 몇몇 지하철역들은 조용했고 퍽 편안했다. 지하철역 곳곳이 무슨 전시관처럼 잘 꾸며져 있는 것도 특징이라면 특징이었다. 자전거 대여소도 보인다. 자전거를 빌려 송정역 일대를 여행하기에 좋겠다 싶다.

지하철 개찰구 너머로 국창 임방울 선생1904~1961 전시관이 보였다. 역무원에게 전시관에 간다고 했더니 개찰구 한편으로 나 있는 작은 쪽문을 열어줬다. 사실 전시관이라고 해봐야 손바닥만 한 크기에 북과 장구 등이 진열되어 있고 그의 업적을 새긴 패널이 전부다. 다만 헤드폰으로 판소리를 들을 수 있어 휙 지나치고 말았을 전시관에 잠시나마 발길을 붙들어두고 있었다.

판소리 명창인 임방울 선생은 이곳 광주시 광산구 출신이다. 선천적으로 아름다운 목소리와 성량이 풍부했던 그는 오랜 수련 끝에 25세 때 상경하여 송만갑 소개로 첫 무대에서 〈춘향가〉 가운데 '쑥대머리'를 불러 크게 인기를 얻었다. 특히 일본에서 취입한 '쑥대머리'는 우리나라 · 일본 · 만주 등지에서 100여만 장이나 팔렸다고 한다.

일제강점기 때에는 여류명창 이화중선과 더불어 가장 인기 있는 명창이었다. 흔히 이런 그를 두고 '판소리 전통을 최후까지 고수한 사람' 혹은 '서편제 최후의 보루'라고 부르기도 한다. 판소리 다섯 마당을 모두 잘했지만 특히 〈춘향가〉, 〈수궁가〉, 〈적벽가〉를 잘한 것으로 알려져 있다. 1960년에 원각사에서 공연할 때 녹음 취입한 음반인 〈수궁가〉와 〈적벽가〉가 전해진다.

송정리역을 떠난 지하철은 송정공원역에서 잠시 섰다. 대도시답지 않게 번잡함이라곤 찾을 수 없는 광주의 지하철은 잠시 시간을 비켜선 듯했다. 객차와 객차

사이의 출입문이 모두 열려 있어 곡선 구간을 지나칠 때면 길게 늘어진 열차 내부의 모습이 마치 속을 모두 비워낸 뱀의 몸뚱어리를 들여다보는 것 같았다. 거대한 뱀 안에 들어온 듯 그 기괴한 느낌에 잠시 몸이 부르르 떨렸다.

작지만 옹골찬 문학의 산실, 송정공원

송정공원 가는 길은 한적한 시골이었다. 공원 앞에 다다르자 철로가 가로질러 있었고 기차가 덜커덩 지나는 걸 한참이나 지켜본 후에 관리원의 지시에 따라 길을 건넜다.

작은 산기슭 언덕에 불과한 변두리 공원을 찾은 데에는 "그냥 작은 공원인데요. 특별하게 볼거리가 없습니다."라고 했던 안내소 직원의 만류도 한몫했다. 굉장한 볼거리가 있었다면 이렇게 공원을 샅샅이 훑는 수고로움은 처음부터 없었을 것이다. 이 작은 언덕에서 추억할 만한 무언가를 찾아야겠다는 의무감마저 들 정도였다. 그 관찰이 헛되지 않았다는 걸 증명이라도 하듯 도서관 한쪽 공터에 현충탑이 있고, 언덕 아래로 비석 같은 것이 보였다. 언덕을 돌아내려 가서 보니 부채와 북의 모양을 띤 국창 임방울 선생 기념비였다. 문득 〈떠나가는 배〉로 잘 알려진 용아 박용철의 시비도 이곳에 있다는 기억이 떠올랐다.

이곳 어디쯤이 아닌가 해서 다시 왔던 길을 더듬어보는데 숲 한쪽으로 배 모습에 사람의 얼굴 같은 두상이 얼핏 보였다. 용아 박용철 시비였다. 그러나 돛을 활짝 펼친 배에 빗장을 치고 자물쇠까지 채워 놓아 〈떠나가는 배〉는 떠나지 못하고 있었다. 겉으로 보기에 볼품없는 송정공원은 이 두 기념비로 인해 튼실한 문학의 산실임을 넌지시 말하고 있는 듯했다.

용아 생가는 송정공원에서 3km 정도 떨어져 있다. 가뜩이나 한산한 거리를 벗어나니 시골스러운 골목 안쪽으로 용아 생가 안내문이 나왔다. 1층짜리 낮은 주택들이 다닥다닥 붙어 있는 변두리 도시 저쪽에는 하늘 높이 솟은 아파트들이 무리지어 있었다. 그 아래로 너른 공터가 나타나더니 거짓말처럼 초가집 한 채가 모습을 드러냈다.

시뻘겋게 달아오르던 해가 기력을 다했는지 땅에도 붉은 기운을 넓게 드리우고 있었다. 아파트에 둘러싸인 이 집은 초가지만 안채, 사랑채, 사당, 행랑 등으로 구성되어 제법 번듯한 규모를 갖추었다. 양지바른 곳이라 햇볕이 아주 잘 들어 잠시만 있어도 절로 쾌활한 기분이 들 정도였다.

고층 아파트에 둘러싸인 초가집이 조금은 생뚱맞아 보이지만, 온갖 화초로 가꾼 생가 안은 정갈하기 이를 데 없다. 이런 집에서 꼭 살고 싶은 생각이 절로 들었다. 마당 한편에는 공원에서 보았던 그의 유명한 시 〈떠나가는 배〉 시비가 오도카니 서 있었다.

나 두 야 간다
나의 이 젊은 나이를
눈물로야 보낼 거냐
나 두 야 가련다

아늑한 이 항군들 손쉽게야 버릴 거냐
안개같이 물 어린 눈에도 비치나니
골짜기마다 발에 익은 묏부리 모양

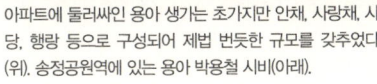

아파트에 둘러싸인 용아 생가는 초가지만 안채, 사랑채, 사당, 행랑 등으로 구성되어 제법 번듯한 규모를 갖추었다(위). 송정공원역에 있는 용아 박용철 시비(아래).

주름살도 눈에 익은 아— 사랑하던 사람들

버리고 가는 이도 못 잊는 마음
쫓겨가는 마음인들 무어 다를 거냐
돌아다보는 구름에는 바람이 헤살 짓는다.
앞 대일 언덕인들 마련이나 있을 거냐

나 두 야 가련다.
나의 이 젊은 나이를
눈물로야 보낼 거냐
나 두 야 간다

용아 박용철1904~1938은 한국 문학사에서 한 획을 그은 순수 서정시인이다. 이곳 광산구 소촌동 솔머리에서 태어난 그는 유미주의, 탐미주의의 기치를 높이 들었던 한국현대문학의 개척자 중 한 사람이다. 1930년 김영랑, 정지용과 함께 동인지《시문학》을 창간했고《문예월간》,《문학》등을 펴내는 등 1930년대 순수시 운동의 중심인물이었다.

절로 발길이 멈추는 송정리떡갈비

흔히 광주의 '오미'로 꼽는 음식이 있다. 광주한정식, 지산유원지 보리밥, 광주김치, 광주오리탕, 송정리떡갈비가 그것이다. 광주송정역에서 가까운 '송정리 향토 떡갈비 거리'를 찾았다. 광산구청 주위로 떡갈비거리가 들어선 것은 30여 년

송정리 향토 떡갈비거리는 30여 년 전부터 들어섰다. 비빔밥도 별미다.

송정오일장에선 국밥집을 흔히 볼 수 있는데, 엄청난 종류의 국밥에 놀라고 만다.

전으로 지금은 하루에 수천 명이 찾는 소문난 거리가 됐다. 골목을 따라 죽 늘어선 떡갈비 음식점들. 어느 집이든 방송에 소개가 안 된 집이 없을 정도로 저마다 요란한 간판을 내걸고 있다.

인절미 떡처럼 네모지게 만든 이곳의 떡갈비는 갈빗살에 여러 부위의 고깃살을 섞어 다진 다음 마늘, 생강, 참기름 등 갖은 양념을 발라 숯불에 구워낸다. 먹기도 편하고 부드러운 고기에 양념까지 배어 더할 나위 없이 맛있다. 덤으로 소뼈와 무를 넣고 푹 고아낸 뼛국물을 무한정 내주니 그 인심 또한 넉넉하다.

송정오일장 엄청난 국밥 종류

떡갈비 거리에서 조금만 내려가면 송정오일장과 송정매일시장 입간판이 나란히 서 있다. 다음 날 아침 이곳을 찾았을 때는 이른 아침이어서 그런지 점포들은 거의 문이 닫혀 있었고 국밥집 서너 군데만 문이 열려 있었다.

이곳에는 국밥집이 즐비하다. 2년 전 이곳에 왔을 때, 수많은 국밥 이름을 보고 놀란 적이 있었다. 장터국밥 · 머리국밥 · 내장국밥 · 순대국밥 · 콩나물국밥 · 선지국밥 · 암뽕국밥 · 새끼보국밥 · 특국밥 · 살코기국밥……. 그중 여행자의 궁금증을 불러일으킨 새끼보국밥은 알고 보니 돼지가 새끼를 낳을 때 나오는 태반과 탯줄로 만든 국밥이었다.

3일과 8일에 열리는 송정오일장은 1920년대까지만 해도 광주에서 가장 큰 시장이었다. 예전에 함평, 영광, 나주, 목포에서 몰려든 상인들과 장 보러온 사람들로 붐볐던 전남 서남부지역의 중심상권으로 우시장이 유명했다. 지금은 156칸에 달하는 시장 건물을 새로 마련하여 옛 영화를 되찾으려 하고 있다.

시장 한쪽 우체국 앞에는 임방울 선생의 동상이 서 있다. 길 건너에는 시장이 하나 더 있는데 송정역전매일시장이다. 역 앞 시장이라서 그런지 앙증맞을 정도로 작은 시장을 둘러보는 일은 싱겁게 끝나고 말았다.

다시 지하철을 탔다. 송정공원역, 공항역을 지나 김대중컨벤션센터마륵역에서 내렸다. 마륵역에는 2008년 10월에 조성한 '인권테마역사관'이 별도로 있었다. 각종 작품과 조형물, 패널, 책자 들이 전시되어 있어 지하철 역내를 마치 하나의 전시관으로 착각할 정도였다. 인권의 도시다운 발상이었다. 벽면에는 문화지하철을 선전하며 매달 공연 일정을 알리고 있었다.

5번 출구로 나와 잠시 걸었다. 호남권 최초의 컨벤션 시설이라는 김대중컨벤션

센터에서 걸음을 멈추었다. 컨벤션 내에는 김대중기념관이 있는데 아쉽게도 공사 중이라 들어갈 수 없었다. 대신 공사로 온갖 소음을 내는 건물 밖을 한 바퀴 돌기로 했다.

길 건너로 넓게 잔디밭이 깔린 광장이 나왔고 황토색 벽돌로 쌓은 반원형의 조형물과 함께 '5·18자유공원'이라고 새긴 큼직한 표지석이 눈에 들어왔다. 텅 빈 광장에 외로이 솟은 기념탑에는 칠흑 같은 어둠 속에서 80년 광주의 윤상원, 박관현 등 들불야학 7열사의 북두칠성이 빛나고 있었다. 그리고 적고 있었다. 이곳 5·18자유공원은 광주항쟁 당시의 처절한 아픔과 한이 서린 역사의 현장이라고…….

혹한을 지나 피어난 들꽃처럼 순결하고 고귀한 영혼이 영원한 들불처럼 활활 타오르기를 묵념했다. 갑자기 뜨거운 그 무엇이 왈칵 가슴을 적시고 있었다. 나의 경전선 여행도 여기서 끝이 났다.

미식가라면 꼭 찾는다는 광주의 우삼탕

떡갈비골목 한쪽에는 이름도 별스런 우삼탕을 파는 전남식당이 있다. 우삼탕의 원래 이름은 '우신우랑', 이곳에선 '소미자'라고 흔히들 부른다. 함께 일하는 주인 김행자 씨의 사위에 따르면 미자는 황소의 부위 중 가장 부드러운 힘살로 수소에만 있는 거시기란다.
우삼탕은 이 집에서 1992년에 개발한 음식이라고 했다. 식당이 생긴 지는 30여 년 정도 되었단다. 원래는 이 일대에서 더운 여름에 기운을 차리는 보양식으로 종종 먹곤 했던 음식이었는데 시어머니가 시아버지 보양식으로 해드리던 음식을 며느리인 주인 김씨가 상품화해서 판 것이 그 시초였다. 시어머니의 음식 솜씨와 며느리의 아이디어가 합쳐진 셈이다.
소고기 중에서도 식도락가들의 입맛을 자극하는 건 혀나 머리, 미자 같은 특정 부위들이다. 하루 동안 푹 곤 소뼈 육수와 미자를 넣고 삶은 육수를 섞어서 탕수를 만든 뒤에 인삼이나 밤, 대추, 마늘, 찹쌀을 넣어 충분히 고아내면 구수하면서도 깊은 맛을 자아낸다.
거부반응도 있을 법한데 그 맛이 도가니와 비슷해 크게 부담을 느끼지 않는단다. 고기를 먼저 건져 먹고 죽을 먹었다. 고기는 파에 싸서 먹는데 묵은지나 생김치와 같이 먹거나 초장 혹은 양념장에 찍어 먹으면 더욱 좋다. 죽을 다 먹고 나니 쑥으로 만든 약차가 나왔다. 주인장이 직접 캐서 말린 가을 쑥에 오미자, 감초, 대추 등을 우려서 끓였단다. 우삼탕은 상표등록을 한 특허음식이다.

PLUS 사진으로 보는 광주선②의 역사

이양역   (입교역)   (석정리역)

화순역   (만수역)   능주역

광주송정역

경부선 원동역, 그리고 진해선 진해역

잠시 외도를 했다. 춘심을 이기지 못해 월장을 한 것이다. 또렷했던 경계는 봄 앞에서 여지없이 흐물흐물 무너져 내렸다. 애초 삼랑진에서 경전선이 끝나는 줄 알았으면서 기어이 낙동강을 따라 월장을 한 것이다. 경전선이야 이곳 원동역에서 한 구간만 더 가면 있는 삼랑진에서 광주송정역까지 이어지지만 기차는 목포에서 부전까지 달리니 원동역에 온 건 엄밀히 따지면 외도는 아니라며 스스로를 위로했다.

원동역

진해역

이 땅에서 좀처럼
보기 힘든 절정의 풍경

원동역

    낙동강에 바짝 붙은 원동역은 한갓진 역인데도 봄철 행락객으로 북적댔다. 매화는 이미 지기 시작했고 승강장 너머 강변으로 죽 늘어서 있는 벚나무엔 꽃망울을 하나 둘 터뜨리기 시작한 성질 급한 벚꽃도 있었다. 파출소를 들어가지 말았어야 했다. 역 광장에서 사람들이 두 갈래로 나누어 가기에 파출소에 들어가 매화축제장 가는 길을 물었더니 중년의 지루함이 묻어 있는 경찰은 직선 방향으로 곧장 걸어가면 된다고 대충 말했다.

길을 잘못 들어 오히려 횡재하다

그럼 오른쪽 강변으로 가는 사람들은 어디로 가느냐고 했더니 그쪽에도 매화가 있긴 한데 축제장은 아니라며 대수롭지 않게 대답했다. 이때만 해도 나중에 올 엄청난 심각성을 전혀 깨닫지 못하고 있었다.

매실 주산지인 이곳은 2000년대 들어 매화꽃을 구경하기 위해 하나 둘 찾는 사람들이 늘어나자 마을사람들이 막걸리와 부침개 등 먹을거리를 대접하던 것이 자연스럽게 축제로 이어졌다. 점점 입소문이 나고 정식 영포마을 매화축제가 열리면서 전라도 광양의 매화축제에 버금가는 축제가 된 것이다. 매화단지 규모도 원동면 일대의 20여 개 마을, 200여 농가 100㏊에 이를 정도다. 광양의 매화마을처럼 잘 꾸며지지도, 섬진강을 낀 수려한 경관도 아니지만 거칠고 소박한 대로 산비탈의 다랑논을 가득 메운 하얀 매화 물결은 상춘객들의 마음을 훔치기에 부족함이 없었다.

69번 도로를 따라 마을 전체가 매화밭인 영포마을의 매화나무는 나이가 20년 남짓 되었다. 80여 가구 130여 명의 주민들이 마을 산비탈 22만㎡의 밭에 2만 그루의 매화나무를 가꾸기 시작했는데 경남 지역에서는 가장 규모가 큰 매화마을로 알려져 있다. 한 시간 남짓 매화 구경을 하다 버스정류장으로 돌아왔다. 긴 줄이 늘어서 있었다. 겨우 승차를 마친 버스 한 대를 보내고 다시 20분을 더 기다린 뒤에야 버스를 탈 수 있었다.

"순매원요. 거기는 매화가 다 졌어요. 여기가 훨씬 좋아. 잘 온기라."

순매원에 가려다 이곳으로 잘못 왔다고 했더니 버스 안의 늙수그레한 할머니들이 이구동성으로 말했다. 하기야 이곳에 오지 않았다면 영포마을의 존재는 영원히 몰랐을 수도 있다. 그러고 보니 예전에 더러 들어본 적이 있는데 어느 순간 까마득히 잊고 있었다. 버스를 타고 나중에 가본 순매원은 할머니들의 말대로 이미 매화가 상당히 진 상태였는데 비해 이곳은 산골짜기라 매화가 절정이었다. 파출소 경찰의 말을 곧이곧대로 믿은 우리는 바로 곁에 순매원을 두고, 순매원을 찾아 영포마을까지 아스팔트길을 8km나 걸어왔던 것이다. 버스는 다시 원동역을 향해 달리기 시작했다.

다시 순매원을 찾다

역을 코앞에 두고 버스는 더 이상 달리지 못했다. 순매원으로 가는 도로는 이미 마비 상태였다. 이럴 때 도보여행자는 속으로 쾌재를 부르기 마련이다. 대체 순매원이라는 곳이 어떤 곳이기에 사람들의 마음을 이다지도 붙잡는 것일까. 붐비는 걸 워낙 싫어하는 성미라 여태 이곳을 찾지 않았지만 경전선을 여행하면서 꼭 들를 수밖에 없는 곳이 되었다.

언덕으로 난 길가로 노점들이 하나둘 보이는 것으로 보아 순매원에 다다른 모양이다. 발 아래로 흐르는 낙동강과 엿가락처럼 길게 늘어선 두 갈래의 철길이 강기슭으로 사라지고 하얀 매화가 철로변에 피어 있는 모습은 한 폭의 그림이 따로 없었다. 막 연둣빛을 품기 시작한 버들과 터질 듯 끝내 터뜨리고 만 벚꽃이 강변의 운치를 더했다.

매화는 이미 지기 시작했는지 중간 중간 하얀빛을 잃어 불그스름했다. 희붉은 매화밭 가운데 파란 지붕을 한 민가 한 채가 유독 여행자의 눈길을 사로잡았다. 강렬한 원색은 마치 꽃술처럼, 다소 흐릿한 매화 밭 풍경을 일순에 전환시켰다.

산비탈에 매화나무를 가꾼 영포마을은 경남에서 가장 규모가
큰 매화마을이다.

매화 밭으로 뛰어들었다. 꽃이 있다면 당연히 바라만 보는 것은 도리가 아니다. 꽃에 대한 모독일 수도 있다. 그 아름다움에 흠뻑, 진창에 빠져들어야만 봄을, 꽃을 사랑한다고 말할 수 있으리라.

내려다볼 때는 듬성듬성했던 꽃들이 아래로 내려가니 꽃 대궐이다. 온통 하얗거나 붉은 매화 밭 사이의 여백을 채우는 건 젊은 커플들이다. 그들은 자신들이 꽃의 시절임을 시위라도 하듯 저마다 매화나무 한 그루씩을 붙잡고 풍성한 봄을 담고 있었다. 꽃속에 파묻히기도 하고, 알록달록 자리에 드러누워 봄날의 오후를 즐기기도 하고, 갖은 먹을거리에 입을 쉬지 않고 놀리기도 하고, 매화나무에 기대어 그저 멍하니 꽃잎을 보기도 하고. 아이들은 부모의 잔소리에도 아랑곳없이 잠시라도 가만히 있지 못하고 매화나무 아래 여기저기를 정신없이 헤집으며 뛰어다닌다. 그 뒤를 따라 강아지들도 이리저리 뛰어다닌다.

지는 매화라도 사진에 담으려는 사진가의 노력은 그 자체로 풍경에 녹아든다. 이따금 벌이라도 날아오면 작은 환호를 지르기도 한다. 철조망 너머 기찻길 옆 양지바른 곳에는 봄꽃이 소리 없이 피었다. 피었다 지기를 수어 번 반복해도 누구 하나 오래도록 눈길 주는 이 없으니 외롭고 쓸쓸하다.

흰 무리의 꽃밭에 간혹 선홍의 매화가 피어 눈길을 끈다. 절정의 미를 뽐내는 홍매화는 겨우 손가락에 꼽을 정도로 매화 밭에선 몇 그루 안 되는 귀한 몸이지만 사람들의 온 신경을 불러 모으는 매력을 사정없이 발산한다.

매화꽃 그늘 아래 제법 너른 공터에서는 한 사람이 아이를 모델 삼아 그림을 그리고 있다. 아이는 좀처럼 가만히 앉아 있지 못한다. 그럴수록 그리는 사람의 눈은 매섭기만 하다. 뒤쪽 언덕에는 장독대가 있다. 순매원에서도 한갓진 이곳은 찾는 이가 없어 장독들이 봄볕을 마음껏 쬐고 있었다. 늘 봐도 장독대와 매화는 너무나 잘 어울리는 풍경들이다.

기차와 매화, 낙동강이 빚어내는 절정의 풍경

2004년부터 시작된 축제는 관사마을 순매원에서 매년 3월에 열리고 있다. 관사마을은 옛날 원동역 관사 터에 조성됐다고 해서 붙여진 이름이다. 원동역을 지나 토곡산 끝자락에 낙동강을 굽어보는 마을이 관사마을이다. 순매원에는 약 1만 3058㎡[1만 평]에 조성된 100년 생 매화나무 50여 그루를 비롯해 총 800여 그루의 매화나무가 있다. 오래된 것은 일제강점기 일본인들이 심은 매화나무들이라고 한다. 순매원은 10여 년 전에 김용구, 박미정 부부가 강변에 조성한 농원이다.

뒤쪽 언덕에는 장독대가 있다. 순매원에서도 한갓진 이곳은 찾는 이가 없어 장독들이 봄볕을 마음껏 쬐고 있었다. 늘 봐도 장독대와 매화는 너무나 잘 어울리는 풍경들이다.

인근 영포마을의 원동 매화축제가 광양 매화축제에 비해 수려한 풍광이 없다는 것이 아쉬운 점인데, 이곳 순매원에서는 그 부족한 점이 채워지는 듯했다. 영포마을의 산비탈 층층 매화 밭과 이곳 순매원의 수려한 경관을 합치면 섬진강변의 매화축제와 견주어도 전혀 손색이 없는 절경이다. 산자락 끄트머리를 유유히 흐르는 낙동강과 S자 철길, 하얀 매화 밭이 어우러진 풍경은 이 땅에선 좀처럼 보기 힘들다.

삼랑진에서 이곳 원동역을 지나 물금으로 이어지는 낙동강 철길은 우리나라 기찻길 중에서도 가장 아름다운 길의 하나로 꼽기도 한다. 이곳을 오가는 기차만 해도 하루에 수백 대가 넘는다. S자 철길을 가장 적나라하게 드러내는 것은 몸뚱이가 긴 KTX인데, 지금은 이곳을 지나는 KTX가 크게 줄어들어 그 굽이치며 내달리는 찰나의 풍경을 담기가 여간 어려운 게 아니다. 다만 부지런히 오가는 무궁화호나 새마을호가 아쉬운 대로 강변 정취를 대신하고 있다.

유유히 흐르던 낙동강 건너편으로 해가 뉘엿뉘엿 넘어간다. 기차도 점점 뜸해지고 KTX는 한 시간이 넘도록 오지 않는다. 어둠이 내리기 시작하자 바람이 점점 거세진다. 떠나야만 했다. 막 자리를 떠나려 할 즈음 KTX가 쏜살같이 지나간다. 급히 카메라를 꺼냈으나 늦었다. 기차는 이미 산모롱이로 꼬리를 감추고 말았다. 강바람을 타고 꽃향기가 저녁 순매원에 흩날렸다.

원동 매화축제

영포마을에선 해마다 3월 중순이 되면 이틀에 걸쳐 '원동 매화축제'가 열린다. 원동역은 경부선에 있는 기차역으로 경전선 삼랑진역과 경부선 물금역 사이에 있다. 부전행과 순천행 경전선 기차가 이곳을 지난다. 낙동강가에 있는 원동역은 매화와 벚꽃, 갈대가 고와 전국에서 가장 아름다운 역으로 이름난 곳이다.

진해 참모습은 벚꽃 너머 골목길에 있다

진해역

　　　　　진해 사람들은 벚꽃 축제인 '군항제'를 '벚꽃장'이라 한다. 참 멋들어진 말이다. 벚꽃 철이 되면 진해 시가지는 그야말로 벚꽃 천지다. 붐비는 장만큼 붐비는 벚꽃 잔치다. 진해 시민이 18만여 명인데 벚나무가 35만 그루 정도라고 하니 시장치곤 아주 번성한 시장인 셈이다. 이런 벚꽃장 진해 풍경을 한눈에 내려다볼 수 있는 곳이 있다. 진해 어디서도 보이는 제황산 공원이다. 높이 107m밖에 되지 않는 언덕 같은 산이지만 이곳에 오르면 진해 시가지를 사방으로 조망할 수 있다.

제황산. 높이가 107m밖에 되지 않지만, 이곳에 오르면 진해 시가지를 사방으로 조망할 수 있다.

'벚꽃장' 진해 시가지가 다 보이는 제황산 공원

제황산은 원래 산세가 부엉이가 앉아 있는 모습과 같다 하여 부엉산으로 불렸는데 해방 후 풍수지리설에 따라 '임금이 날 명당'이라 하여 제왕산으로 불리다 제황산으로 잘못 불리게 되었다고 한다. 예전 제황산 정상에는 러일전쟁 승전을 기념하여 일제가 1929년 5월 27일에 세운 러일전쟁기념탑이 있었다고 한다. 당시 기념탑 앞에서 스모 경기를 하는 등 꽤 성대하게 행사를 치렀으나 해방 이후 헐리고 1967년 해군 군함을 상징하는 탑이 세워졌다.

진해군항마을역사관에서 만난 서원보 씨는 전쟁기념탑과 관련된 흥미로운 일화를 이야기해줬다. 일본이 기념탑을 세울 때 인근 묘법사 주지의 꿈에 백발노인이 피를 흘리며 나타나 공사를 중지하라고 경고했다고 한다. 그럼에도 계속 공사를 강행하자 공사 현장에서 케이블카 사고가 나고 말았다. 그런데 신기하게도 중국인과 한국인들은 멀쩡한데 유독 일본인들이 피해를 봤다. 이듬해에는 진해 현동부두에서 일본인 관광객을 실은 배가 전복돼 25명이 사망하는 사고가 일어났다. 뿐만 아니라 진해만 요새사령부구 해군교육사 부지 극장에서 불이 나 107명의 어린이가 사망하는 참사가 발생했다. 그래서 당시 사람들은 연이은 악재에 일제가 진해의 지맥을 눌러 산신령백발노인이 노해서 일어난 변사라고 생각했다.

제황산 공원에 세워진 진해탑은 높이 28m의 9층짜리 탑이다. 전망대에 오르면 시가지를 한눈에 조망할 수 있다. 중원로터리에서 탑이 있는 산까지는 모두 365개의 계단이 있어 '1년 계단'으로 불린다. 계단이 꽤 높아 보이지만 계단 중간에 적힌 숫자를 확인하며 오르는 재미가 쏠쏠하다. 다리가 아픈 사람이나 노약자는 모노레일을 이용하면 된다. 20인승 두 량으로 40명이 탈 수 있는 모노레일은 평소에는 이용자가 없어 한가한데 벚꽃 시즌이 되면 대기시간이 3, 40분이나 될 정도로 붐빈다. 요금은 왕복 3000원, 편도 2000원.

1층과 2층의 시립박물관을 지나 전망대에 오르니 발아래로 진해 시가지가 사방으로 펼쳐졌다. 그중에서 가장 눈길이 가는 건 중원로터리다. 100년의 시간이 흘렀지만, 일제강점기인 1920년대의 진해 시가지 사진과 크게 변하지 않았다. 일제는 당시 진해를 개발하면서 중원로터리와 남원로터리, 북원로터리 중심으로 도시를 계획했다. 중원로터리가 일제의 욱일승천기를 나타낸 것이라는 주장도 있으나 이는 과장된 이야기라고 말하는 사람들도 있다. 그냥 도로 설계상 그렇게 했다는 것이다. 그 근거로는 욱일승천기가 2차 세계대전에 주로 사용되었는데 중원로터리가 건설된 것은 그보다 훨씬 빠른 시기며, 욱일승천기는 16개의 햇살을 도안한 것인 데 반해 중원로터리가 8곳 방향으로 길이 나 있다는 것이다. 로터리 가운데에 있는 수령 1200년이 넘은 팽나무를 중심으로 설계했다는 주장도 있다. 사실 여부를 떠나 일제의 흔적에서 벗어나고 싶은 강력한 의지의 서로 다른 표현일 수도 있겠다.

전망대를 시계 방향으로 돌며 진해 시가지를 내려다보았다. 진해항부터 대죽도, 중원로터리, 남원로터리, 북원로터리, 저도, 관출산, 진해역, 여좌천, 장복산, 안민고개 등이 한눈에 들어온다. 이 야트막한 산이 주는 풍광에 그저 감탄만 나올 뿐이다.

한참을 넋을 빼고 있다 이 천혜의 땅을 기지로 삼아 시가지를 닦은 일제와 그 땅에서 쫓겨난 조선인들의 아픔을 곱씹어본다. 발아래론 온통 벚꽃이다. 벚꽃뿐만 아니라 개나리와 진달래도 아직 만발이다. 이래저래 봄은 화려하고 아프다.

옛 중원로터리(위) 사진과 오늘날의 중원로터리(아래).
일대가 별반 차이가 없다.

진해의 참모습은 벚꽃 너머 골목길에 있더라

공원을 내려와 본격적으로 진해 시내를 걷기로 했다. 벚꽃이 진해의 대명사로 된 지 오래지만, 그 벚꽃으로 인해 진해를 제대로 보지 못할 수도 있겠다 싶고 벚꽃 너머에 있을 진해의 참모습을 봐야겠다는 생각 때문이었다.

중원로터리를 거쳐 남원로터리 방면으로 걸었다. 예전 일제강점기 때에는 진해역에서 남원로터리까지의 이 길을 '귤통橘通'이라 불렀다. 일제는 진해를 해군의 주요 거점으로 삼고 군항으로 개발했다. 일제에 의해 철저하게 계획된 진해 시가지는 진해역에서 중원로터리, 남원로터리, 북원로터리로 이어진다. 지금도 일제강점기 때의 거리 모습이 고스란히 남아 있고 일본식 가옥들을 여기저기서 어렵지 않게 볼 수 있다.

중원로터리 못 가서 오래된 긴 가옥이 보인다. 예사롭지 않은 이 건물은 길게 생긴 그 모양대로 '장옥長屋'으로 불리는 일본식 건물의 전형이다. 이 장옥을 시작으로 본격적으로 일본식 가옥을 찾아 나섰다. 진해에 본격적으로 시가지가 형성된 시점은 1931년 진해면에서 진해읍으로 승격될 때였다. 일제강점기 동안 한국인들에게는 진해 읍내에서 살 수 있는 주거권이 주어지지 않아 경화동 등 외곽에서 살았다. 이곳의 2층 장옥은 1층은 상점, 2층은 살림집으로 당시 도로변의 건물들은 2층 이상이 되어야 허가를 내주었던 것에 기인한다.

중원로터리 안쪽 골목에는 조금은 색다른 식당이 있다. 곰탕집인데 얼핏 봐도 건물이 예사롭지 않다. 일제강점기 때는 진해해군통제부 병원장 사택으로, 지금은 '선학곰탕'이라는 식당이 들어서 있다. ㄱ자 형의 돌출된 목조건물엔 오랜 세월의 흔적이 켜켜이 묻어 있다. 삐꺽거리는 복도를 따라 여닫이문을 열면 실내로 이어진다. 손님을 접대하는 공간은 양식으로, 주거공간은 일식으로 혼용돼

일본식 건물의 전형인 장옥(위)과 일제강점기 때 진해해군 통제부 병원장 사택이었던 선학곰탕집(아래).

있다. 실내는 구조에서만 아니라 진열된 많은 물건에서도 오랜 시간을 느낄 수 있다. 영화에서나 나올 법한 낡은 전화기, 금방이라도 간드러진 여가수의 목소리가 들릴 듯한 축음기, 쉴 새 없이 추를 흔들고 있는 괘종시계 등 주인이 잘 갈무리한 물건들이 옛 시간의 흔적을 고스란히 뿜어내고 있다. 일제강점기인 1930년대에 지어진 이 일본식 건물은 등록문화재 제193호로 지정돼 있다.

중원로터리에서 단연 눈에 띄는 건 하얀 외벽에 유난히 붉은 간판을 단 진해우체국이다. Y자 형의 도로변에 지은 단층의 목조건물인 우체국은 1912년에 지어졌는데 2000년까지 진해 우체국 청사로 이용되었을 정도로 튼실하다. 중원로터리 쪽으로 나 있는 입구는 좁아 보이지만 건물 안으로 들어서면 점차 넓어지는 구조다.

로터리를 반쯤 돌면 천막 끝으로 빨간 지붕이 우뚝 솟은 집이 보인다. 일명 '뾰족집'이라고 불리는 팔각정이다. 지금은 '수양회관'이라는 식당이 들어서 있다. 일제강점기에는 초소로 활용됐다가 이후에는 요정이 있었다. 원래 길 건너에 같은 건물이 하나 더 있었다고 한다.

그 옆으로 오래된 중국집인 '원해루'가 있다. 원해루의 옛 이름은 영해루. 한국전쟁 당시 UN군포로가 된 중공군 출신 장철현 씨가 1956년에 문을 연 중국집이다. 이후 1980년대 초반 서울에서 중국집을 운영하던 화교 진금재 씨가 인수해 지금까지 운영하고 있다. 예전 이승만 대통령이 진해에 오면 이 집에서 만두를 즐겨 먹었고, 대만의 장제스 총통이 다녀갈 정도로 유명세를 떨쳤다. 임권택 감독의 〈장군의 아들〉도 이곳에서 촬영됐다. 간판이 두 개인데 위의 것은 1950년대 그대로의 모습을 간직하고 있다. 원해루와 수양회관이 있는 이곳은 예전에는 상생통相生通이라 불렀다.

1952년 '칼멘'이라는 상호로 문을 연 흑백다방. 지금은 시민문화공간으로 활용하고 있다.

사적 제1291호인 진해우체국은 1912년 준공되었다.

문화의 거리에서 진해의 명물 벚꽃빵을 판다기에 달려갔더니 군항제 전이라 아직 판매하지 않는단다. 대신 깔끔한 외관을 한 진해군항마을역사관에 들어갔다. 해방되던 해인 1945년에 태어났다는 서원보 할아버지가 안내를 자청했다. 그리고 잠시 후 나타난 으뜸마을 추진위원회 권영제 위원장으로부터 군항마을역사관에 대한 자세한 이야기를 들을 수 있었다.

2012년 개관한 군항마을역사관 1층과 2층에는 옛 진해의 모습을 담은 온갖 자료가 넘치고 넘쳤다. 그중 천장에 매달린 태평양전쟁 당시 가미카제 비행기와 미영격멸米英擊滅 정신교육을 받고 있는 교실 사진에 유독 눈길이 갔다.

로터리를 돌아 골목으로 들어서면 '흑백다방'이다. 1952년 '칼멘'이라는 상호로 문을 연 고전음악다방을 1955년 서양화가 유택렬과 아내였던 고미술품 수집가 이경선 씨가 인수하여 흑백다방으로 개명하여 2008년까지 운영하면서 진해 일대 지식인들의 사랑방 역할을 했다. 지금은 딸인 유경아 씨가 시민문화공간으로 활용하고 있다. 1층에 소극장을 개설하여 주말에 음악 감상회와 연주회가 열리고 2층은 살림집으로 사용하고 있단다.

아, 골목길 구경은 끝이 없다. 로터리 구석구석에서 진해의 오래된 향기가 마구 뿜어져 나온다. 부지런히 걷기, 그러면서도 하나라도 놓치지 않으려 느릿하게 로터리 주변을 샅샅이 훑으며 걸었다. 자원봉사자가 있는 공터 옆 옛 진해 경찰서 자리는 표지석만 남아 있었다.

유신기념탑을 물었다. 관광안내소 직원은 적지 않게 당황하며 모른다고 했다. 바로 이 근처인 것으로 안다고 했더니 그럴 리가, 하는 표정으로 여행자를 멀뚱하니 쳐다봤다. 마침 파출소가 보여 들어갔더니 경찰 역시 처음 들어본다는 표정을 지으며 자신이 진해 토박이라는 걸 넌지시 강조했다. 그러다 잠시 인터넷 검색을 하더니 "아, 이걸 말씀하셨군요. 바로 건물을 돌아가면 도서관 앞에 있습니다." 하고 겸연쩍게 말을 했다.

건물을 돌자 바로 10월 유신탑이 보였다. 로터리 쪽 앞면에는 한자로 '시월유신'이라고 적혀 있었다. 1972년에 일어난 시월유신을 기념하여 1973년 3월 옛 육군대학 앞 삼거리에 건립했다가 1976년 8월에 지금의 이곳 장난감 도서관으로 옮겨왔다. 진해라는 도시가 가지고 있는 또 다른 얼굴을 이곳에서 보게 될 것이다. 중원로터리에서 곧장 내려가면 남원로터리. 그곳에는 백범 김구 선생의 친필 시비가 있다. 해방 이듬해인 1946년 백범 김구 선생이 진해 해안경비대를 방문한 기념으로 새긴 이순신 장군의 '진중음陳中吟'의 일부인 '서행어룡동 맹산초목지誓海魚龍動 盟山草木知, 바다에 맹세하니 물고기와 용이 움직이고 산에 맹세하니 초목이 아는구나'라는 글귀다. 당시 해방정국에 대한 김구 선생의 근심을 엿볼 수 있다. 원래는 진해역 광장에 있다가 4·19 의거 이후 이충무공의 전승지인 옥포만이 바라다 보이는 이곳 남원로터리로 옮겨졌다.

남원로터리 가운데에는 김구 선생 친필 시비가 있다.　　　　중원로터리의 10월 유신기념탑. 아는 사람이 별로 없었다.

남원로터리에서 북원로터리로 길을 잡았다. 거리엔 온통 벚나무다. 벚나무가 가로수다. 굳이 여좌천이나 경화역을 거들먹거리지 않더라도 진해 거리에서 벚꽃은 흔하디흔한 품목이다. 집집마다 벚나무가 정원수처럼 거리를 따라 심겨져 있고, 휴대폰가게에도, 고깃집에도 벚나무 한두 그루쯤은 풍경으로 삼고 있다.

북원로터리는 꽃마차가 연신 말발굽 소리를 내며 로터리를 뱅뱅 돌고 있다. 로터리로 들어가는 횡단보도도 따로 나 있는데 그 가운데에 이순신 장군 동상이 늠름하게 자리하고 있다. 이순신 장군 동상은 한국전쟁이 한창이던 1952년 4월 28일에 세워진 것으로 우리나라에서 처음이다. 동상 앞면에는 '충무공 이순신상 이승만 근서'라고 새겨져 있고 노산 이은상이 글을 썼다. 군항제기간 동안 추모제가 열린다.

다시 진해역으로 돌아왔다. 느릿느릿 걸었는데도 벚꽃에 가려 보지 못했던 진해를 조금은 안 듯해 뿌듯함이 생겼다. 진정 진해의 참모습은 벚꽃 너머 골목길에 있었다.

꼭 가봐야 할 진해의 명소, 내수면환경생태공원

내수면환경생태공원은 진해 남부 내수면연구소 안에 있다. 저수지와 습지, 솔밭 등의 호수 주변 8만 3897㎡를 생태공원으로 조성했다. SBS 드라마 〈온에어〉 촬영지로 유명하며 후문 쪽에는 여좌천과 그림 같은 로망스 다리가 있다. 중간에 벤치들이 있고 습지 주변으론 실개천과 징검다리, 데크로드가 있다. 주변에 관찰로가 있어 여유 있게 혹은 호젓하게 산책하기에 좋은 곳이다. 생태공원은 진해 벚꽃이 유명해지면서 덩달아 명소로 알려져 사진작가들이 뽑은 국내의 아름다운 사진명소로도 선정됐다.

☞ **벚꽃관광 순환열차 운행시간표**

코레일에서는 군항제 기간 동안 벚꽃관광 순환열차를 운행한다. 운행시간은 변경될 수 있으니 코레일 홈페이지에서 반드시 확인해야 한다.

마산역 출발	창원역	진해역 도착	진해역 출발	창원역	마산역 도착
8시 20분	8시 31분	8시 53분	6시 5분	6시 32분	6시 38분
9시 40분	9시 51분	10시 13분	6시 45분	7시 12분	7시 18분
12시 40분	12시 51분	13시 13분	9시 40분	10시 12분	10시 17분
13시 55분	14시 6분	14시 23분	14시 28분	13시 10분	13시 16분
16시 43분	16시 54분	17시 15분	14시 45분	15시 12분	15시 18분
19시 25분	19시 36분	19시 58분	17시 18분	17시 45분	17시 50분
			19시	19시 27분	19시 33분
			20시 13분	20시 40분	20시 54분

진해 골목길 탐방코스 지도

Epilogue

경전선 1년의 기록

길을 따라가지 마라
길이 없는 쪽으로 가서
발자국을 남겨라

　　　　-랄프 왈도 에머슨

애초 정해진 길은 없었다. 삼랑진에서 광주송정까지의 300.6km. 이 구간을 전부 답사하는 데 얼마의 시간이 걸릴지, 그 중간중간의 간이역들은 모두 몇 개나 되는지, 가볼 만한 곳은 어떤 곳이 있는지…… 아무것도 몰랐었다. 이 전 구간을 순례한 이도 없었다. 조금 규모가 있는 역 외에는 별다른 여행코스도 없었다. 모든 게 처음이었다.
2012년 7월 무더운 어느 여름날, 경전선의 시작점인 삼랑진역을 찾았다. 그리고 그다음 달인 8월, 오마이뉴스에 〈경전선 남도 800리, 삶의 풍경〉이라는 제목으로 연재를 시작했다. 매주 주말이면 어김없이 길 위에 섰고, 매주 한 편씩 글을 썼다. 2013년 6월, 길을 떠난 지 꼬박 1년 만에 경전선 종착역인 광주송정역에 도착했다. 그리고 그해 7월, 경전선 여행의 기록은 끝이 났다.

이 책을 쓰면서 다시 그 길을 또 걸으면서 자료를 보충했다. 그러면서 길을 내는 자의 숙명을 절실히 체감했다. 알려진 길에선 새로운 길을 모색했고, 새로운 길에선 스스로 길을 만들어야 했다. 많게는 하루에 20km 남짓 걸으면서도 기차와 도보, 대중버스로의 여행을 고집했던 이유가 거기에 있었다. 여행의 동선을 스스로 만들고 뒤를 밟을 사람들의 발자국까지 염두에 두고자 했으나 어느 정도 충족시켰을지는 알 수 없다.
루쉰의 "지상에는 본래 길이 없고 그곳을 걷는 사람이 많으면 길이 된다."라는 문구를 떠올리며 1년 동안 묵묵히 길 위에 섰을 뿐이다. 이 여행코스, 아니 이 순례길이 앞으로 남도를 여행하는 이들에게 작은 나침반이 되었으면 하는 바람이다.

부록

경전선의 역사
경전선의 철도유산
경전선의 오일장
경전선의 접속노선과 지선들
경전선 기차운행표

경전선의 역사

경전선은 우리나라 여느 철도와 마찬가지로 일제강점기에 건설되기 시작했다. 전남과 경남의 곡창지대를 부산과 연결하고 일본과의 원활한 연락을 위해 여수항으로도 이어졌다. 그럼으로써 부산, 진해, 마산, 여수, 목포 등 남해안의 주요 항구들이 철도로 연결됐다. 별다른 항구가 없는 순천과 하동 간의 철도는 해방 후인 1968년에 완공된 것만 봐도 일제가 어떤 의도로 철도를 건설했는지 알 수 있다.

처음 완공되었을 때 325km에 달하던 경전선은 300.6km로 줄어들었다가 2012년 10월 마산 진주 구간이 복선화되면서 다시 289.5km로 줄어들었다. 아직도 역 이름이 남아 있는 곳은 모두 60개다. 삼랑진-낙동강-한림정-진영-진례-창원중앙-용강-창원-마산-중리-산인-함안-군북-원북-평촌-진주수목원-반성-진성-갈촌-남문산-개양-진주-내동-유수-완사-다솔사-북천-양보-횡천-하동-진상-옥곡-골약-광양-평화-순천-수덕-원창-구룡-벌교-조성-예당-득량-보성-광곡-명봉-도림-이양-입교-석정리-능주-만수-화순-앵남-남평-효천-남광주-서광주-동송정-광주송정 등이다. 폐역이 된 역이 16곳, 기차가 서지 않는 역이 10곳이다.

현재 기차가 서는 역은 모두 34곳이다 아래 그림 참조. 이중 완사역, 양보역, 횡천역, 진상역, 명봉역, 남평역 6곳은 무인역이다. 남평역은 2011년 10월 여객 취급을 중단했다가 2013년 9월부터 S트레인만 정차한다.

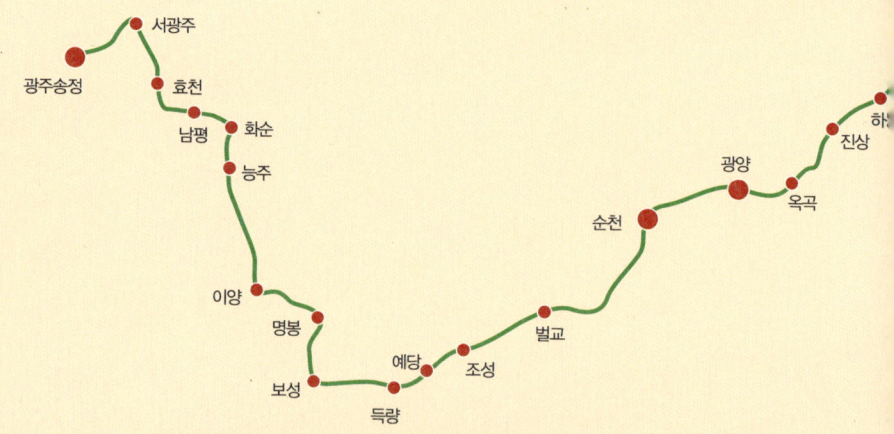

열차 통과역무정차역. 폐역은 아니나 기차가 서지 않는 역 낙동강역, 용강역, 유수역, 다솔사역, 골약역, 평화역, 원창역, 구룡역, 광곡역, 동송정역. 이중 평화역과 동송정역 2곳은 신호장북송노선에서 상하행 열차의 교행을 위해 설치한 역이고, 용강역은 신호소같은 방향의 선로가 두 개 이상으로 나뉘질 때 열차가 충돌하지 않도록 설치한 역이다. 나머지 7곳은 무인역이다.

폐역 산인역, 원북역, 평촌역, 진주수목원역, 진성역, 갈촌역, 남문산역, 개양역, 내동역, 수덕역, 도림역, 입교역, 석정리역, 만수역, 앵남역, 남광주역 등 16곳이다.

이외에도 표지석만 남은 구마산역1977년 폐역, 창원시 마산회원구, 임항선 그린웨이에 새로이 꾸민 북마산역교원역, 1977년 폐역, 창원시 마산회원구, 지금은 흔적 없는 신음역1927년 폐역, 함안군 가야읍과 벽도역1944년 폐역, 광주시 남구 등이 있었다.

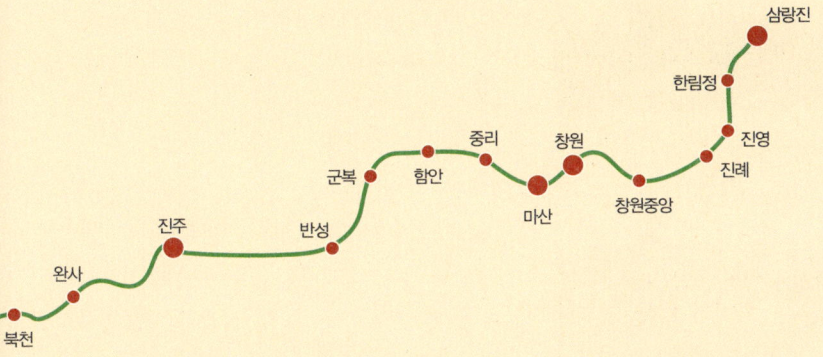

경전선의 철도유산

경전선전통 기념비

1968년 진주 순천 구간이 개통됨으로써 밀양 삼랑진에서 광주 송정까지의 경전선 전 구간이 완공되었다. 하동역 역사 앞에는 이를 기념하여 '경전선전통慶全線全通'이라고 새겨진 비석이 있다. 1968년 2월 7일 경전선 개통식 당시에 쓴 박정희의 친필이다. 옆 비문에는 시인 이은상이 짓고 서예가 이철상이 쓴 글씨가 새겨져 있다.

삼랑진역 급수탑 등록문화재 제51호, 밀양시 삼랑진읍, 2003. 1. 28. 지정

1923년 건립된 이 시설물은 경부선을 운행하던 증기기관차에 물을 공급하기 위해 삼랑진역 안에 건립된 급수탑이다. 당시 교통 요충지로 중요한 역할을 했던 삼랑진역의 철도 시설물로서 가치가 있다.

진해역사 등록문화재 제192호, 2005. 9. 14. 지정

진해역사는 진해선의 철도역사로, 1926년 11월 건립되었다. 원래 진해선의 마지막 역은 통해역이나 일반인들이 들어갈 수 없는 군사보호지역으로 여객 열차는 진해역까지 운행한다.

진주역 차량정비고 등록문화재 제202호, 진주시 강남동, 2005. 9. 14. 지정

경전선과 호남선을 개통하면서 옛 진주역에 설치했다. 벽면에는 한국전쟁 때의 총탄 흔적이 그대로 남아 있어 긴박했던 당시 상황을 전해준다.

옛 남평역사 등록문화재 제299호, 나주시 남평읍, 2006. 12. 4. 지정

1930년 12월 25일 간이역으로 영업을 개시, 1948년 5월 3일 보통역으로 승격했다. 1950년 2월 7일 여순사건으로 역이 소실되어 1956년 7월 17일에 새로 지었다. 2011년 10월에 여객 취급을 중단했다가 2013년 9월에 남도해양관광열차S트레인가 운행을 시작하면서 여객 취급이 재개되었다. 아직 일반열차는 정차하지 않는다.

옛 원창역사 등록문화재 제128호, 순천시 별량면, 2004. 12. 31. 지정

1930년 12월 20일 광주-여수 간의 경전 서부선이 개통되면서 남조선 철도주식회사의 보통역으로 영업을 개시했고, 역사는 1933년에 건립됐다. 일제강점기 표준설계도서에 따라 지어져 대합실이 높고 역무실이 낮다. 2007년 6월에 여객 취급이 중지되어 간이역은 폐역 되었다.

경전선의 오일장

지금은 그 존재조차 희미한 역들이 많지만 한때 많은 사람들이 찾을 때만 해도 기차역은 그 지역의 생활과 문화의 중심이었다. 기차역이 생기자 역 주위로 자연스럽게 시장이 형성되었다. 다음은 경전선의 오일장들이다.

삼랑진 송지시장(4, 9일)
밀양시 삼랑진읍 송지리

마산어시장(상설)
창원시 마산합포구

함안가야장(5, 10일)
함안군 가야읍 말산리

함안장(2, 7일)
함안군 함안면 북촌리

군북오일장(4, 9일)
함안군 군북면 중암리

반성오일장(3, 8일)
진주시 일반성면 창촌리

진주중앙시장(상설)
진주시 대안동

완사오일장(1, 6일)
사천시 곤명면 청곡리

북천오일장(4, 9일)
하동군 북천면 옥정리

횡천오일장(5, 10일)
하동군 횡천면 횡천리

하동오일장(2, 7일)
하동군 하동읍 읍내리

진상오일장(3, 8일)
광양시 진상면 섬거리

옥곡오일장(4, 9일)
광양시 옥곡면 신금리

광양오일장(1, 6일)
광양시 광양읍 목성리

벌교오일장(4, 9일)
보성군 벌교면 회정리

조성오일장(3, 8일)
보성군 조성면

득량오일장(1, 6일)
보성군 득량면 예당리

보성오일장(2, 7일)
보성군 보성읍

이양오일장(4, 9일)
화순군 이양면 이양리

능주오일장(5, 10일)
화순군 능주면 관영리

남평오일장(1, 6일)
나주시 남평읍 남평리

화순오일장(3, 8일)
화순군 화순읍 삼천리

송정오일장
(송정매일시장, 3, 8일)
광주송정역 인근

경전선의 접속노선과 지선들

경전선은 삼랑진에서 경부선, 순천에서 전라선, 광주송정에서 호남선과 만난다. 경전선은 삼랑진에서 광주송정까지지만 기차는 부산 부전역에서 출발하여 전남 목포역이 종착역이다. 그래서 경전선은 자연스레 경부선, 전라선, 호남선과 마주치고 겹치기도 한다. 이뿐만 아니다. 경전선에는 다양한 지선들이 연결되어 있다. 진해선, 덕산선, 임항선, 진삼선사천선, 광양제철선, 화순선, 광주선이 그것이다. 이들 중 일부는 폐선되었거나 아니면 화물 운송 등 특수한 용도의 철도노선으로 바뀌었다.

미전선 낙동강역

경남 밀양시 경전선 낙동강역과 경부선 미전역을 잇는 1.6km의 철도다. 이 노선은 경부선 부산 방향으로 가던 열차가 삼랑진역을 거치지 않고 바로 경전선을 이용할 수 있도록 하는 삼각선 형태다.

부산신항선 진례역

경남 김해시 진례역과 부산시 강서구 부산신항역을 잇는 21.3km의 철도다. 2010년 복선철도로 개통했고, 2011년 전철화되어 부산신항의 화물을 처리하는 화물 전용 노선이다.

진해선 진해역

1926년 11월에 완공된 경남 창원시 의창구 창원역과 진해구 통해역을 연결하는 21.2km의 철도다. 2006년까지 통근열차가 운행되었으나 폐지되었고, 지금은 마산역에서 출발하여 진해역으로 가는 무궁화호가 운행되고 있다. 화물 수송 기능을 하고 있다.

덕산선 덕산역

경남 창원시 창원역과 덕산역을 잇는 8.2km의 철도다. 과거 경전선의 일부였으나 2010년 12월에 낙동강역에서 창원역까지의 구간이 복선화되면서 기존의 구간을 군용 화물 취급을 위해 남겨둠으로써 생긴 노선이다. 2011년 5월 18일 신호소인 용강역이 신설되었다.

임항선 그린웨이, 마산항 제1부두선

경전선 마산역에서 마산항역을 잇는 8.6km의 철도로 1905년 삼랑진과 마산포를 잇는 마산선이 개통하면서 영업을 시작했다. 마산항 부두와 연결되면서 도심 깊숙이 들어왔던 V자 형태의 철도는 1977년 도심 외곽으로 이설되면서 여객 기능은 사라지고 화물 전용 철도로 이용되다가 2011년 2월에 결국 폐선되었다. 지금은 폐선 부지에 숲길을 조성하고 '임항선 그린웨이'라는 이름으로 도심 속 공원으로 탈바꿈하고 있다.

진삼선 사천선

경남 진주시 개양역과 삼천포시^{현 사천시} 삼천포역을 잇던 18.5km의 철도였다. 처음엔 개양역과 사천역을 잇는 10.5km의 '사천선'으로 개통되었다가 경북 김천과 연결하는 '김산선^{지금은 남부내륙선으로 다시 추진되고 있다}'의 일환으로 건설되어 '진삼선'으로 개칭되었다. 그러나 김천과 개양역 구간이 개통되지 못해 1982년 영업을 중지했다가 1990년 폐지되었다. 지금은 개양역이 폐지됨에 따라 새 진주역에서 분기하여 공군 전용선으로 바뀌어 사천선으로 사용되고 있다. 사천에서 삼천포 구간의 철도는 국도 3호선이 확장되면서 철거되었다.

흔히 '잘나가다 삼천포로 빠진다'는 말이 이 철도에서 나왔다는 이야기가 있다. 예전 부산발 순천행 열차에는 삼천포로 가는 손님과 순천으로 가는 손님이 함께 탔는데 기차가 개양역에 도착하면 순천행 객차와 삼천포행 객차는 분리하여 운행했다. 이때는 반드시 안내 방송을 통해 순천행 손님과 삼천포행 손님이 각각 몇 호 차로 갈아탈 것을 알렸다. 그런데 순천으로 가는 손님이 객차를 분리할 때 삼천포행 객차로 잘못 옮겨 타게 되어 순천이 아닌 삼천포로 잘못 가게 되는 일이 종종 있었기 때문이다. 최근에는 이 말의 부정적인 이미지를 벗고 삼천포^{현 사천시}로 관광객들이 빠진다^{몰려든다}는 긍정적인 이미지를 만들자는 노력들이 일고 있다.

광양제철선 광양역

전남 광양시의 광양역에서 태금역을 연결하는 18.6km의 철도다. 포스코 광양제철소의 공장 전용선 기능과 광양항 컨테이너 수송 기능을 하는 화물 전용 노선이다.

화순선 화순역

전남 화순군 화순역과 동면 복암역을 잇는 11.4km의 철도다. 1942년 석탄 수송을 위해 개설되었으나 석탄 산업이 쇠퇴하자 1986년 11월에 대한석탄공사 소속 전용철도가 되었다. 지금도 석탄 수송을 위한 화물열차가 운행되고 있다.

광주선 푸른길공원

기존의 구 광주역과 남광주역, 효천역을 잇는 10.8km의 철도였으나 폐지되고 새로이 송정역과 서광주역, 효천역을 잇는 11.8km의 노선이 되었다. 지금은 옛 폐선 터에 공원을 조성하여 도심 속 푸른 숲길이 되어 주민들의 쉼터이자 문화공간으로 활용되고 있다.

경전선 기차운행표 경전선 상행

시발역		마산 05:40	진주 06:40	순천 06:00	마산 08:25	진주 08:43	진주 09:17	광주 06:10	마산 11:50	순천 10:00	마산 14:10
열차종별		무궁화	무궁화	무궁화	무궁화	새마을	무궁화	무궁화	무궁화	무궁화	무궁화
열차번호		1902	1274	1944	1904	1032	1272	1972	1906	1952	1908
광주											
광주송정	036										
서광주	275							06:49			
효천	274							06:55			
남평	497										
화순	054							07:13			
능주	132							07:26			
이양	055							07:40			
명봉	235							07:54			
광곡	491										
보성	069							08:04			
득량	205							08:16			
예당	075							08:23			
조성	088							08:30			
벌교	089							08:41			
순천	051			06:00				09:06		10:00	
광양	068			06:10						10:10	
옥곡	067			06:22						10:24	
진상	066			06:27						10:30	
하동	065			06:36						10:39	
횡천	136			06:45						10:47	
양보	486			06:54						10:55	
북천	064			07:02						11:02	
완사	484			07:12						11:13	
진주	063		06:40	07:27		08:43	09:17			11:29	

시발역		마산 05:40	진주 06:40	순천 06:00	마산 08:25	진주 08:43	진주 09:17	광주 06:10	마산 11:50	순천 10:00	마산 14:10
열차종별		무궁화	무궁화	무궁화	무궁화	새마을	무궁화	무궁화	무궁화	무궁화	무궁화
열차번호		1902	1274	1944	1904	1032	1272	1972	1906	1952	1908
반성	062		06:52	07:38			09:29			11:40	
군북	061		07:03	07:49			09:40			11:51	
함안	060		07:11	07:57		09:04	09:48			11:59	
중리	234		07:20	08:06			09:57			12:08	
마산	059	05:40	07:28	08:15	08:25	09:18	10:06		11:50	12:17	14:10
창원	057	05:46	07:34	08:21	08:31	09:24	10:12		11:56	12:23	14:16
창원중앙	512	05:56	07:43	08:30	08:41	09:34	10:21		12:06	12:33	14:26
진례	511	06:05			08:50					12:42	14:35
진영	510	06:11	07:54	08:41	08:56	09:49	10:32		12:18	12:48	14:41
한림정	129	06:17		08:47					12:24		
(밀양)	017	06:33	08:12		09:15	10:07	10:50		12:40		15:01
삼랑진	018	경부선경유	경부선경유	08:57	경부선경유	경부선경유	경부선경유		경부선경유	13:02	경부선경유
원동	215			09:05						13:10	
물금	224			09:12						13:18	
화명	210			09:20						13:26	
구포	019			09:25						13:31	
사상	143			09:31						13:37	
부전	190			09:41						13:47	
비고				동해 남부선경유							
종착역		동대구 07:29	서울 12:12	포항 12:12	동대구 10:13	서울 11:32	서울 15:40	순천 09:06	동대구 13:34	부전 13:47	동대구 15:50

시발역		목포 09:10	마산 16:03	순천 14:20	용산 09:15	마산 17:35	마산 18:50	순천 17:20	진주 20:15	순천 19:10	광주 18:52
열차종별		무궁화	무궁화	무궁화	무궁화	무궁화	무궁화	무궁화	무궁화	무궁화	무궁화
열차번호		1954	1910	1922	1441	1912	1914	1942	1916	1940	1974
광주		호남선경유			호남선경유						
광주송정	036	10:20									19:31
서광주	275	10:29			13:39						19:41
효천	274	10:35			13:45						19:48
남평	497										
화순	054	10:51			14:01						20:05
능주	132	11:04			14:15						20:15
이양	055	11:17			14:29						20:29
명봉	235	11:31									
광곡	491										
보성	069	11:42			14:52						20:50
득량	205	11:53			15:03						21:00
예당	075	11:59			15:09						21:06
조성	088	12:05			15:15						21:12
벌교	089	12:15			15:25						21:23
순천	051	12:41		14:20	15:48			17:20		19:10	21:45
광양	068	12:51		14:31				17:30		19:20	
옥곡	067	13:06		14:45				17:43		19:33	
진상	066	13:13		14:51				17:49		19:39	
하동	065	13:22		14:59				17:58		19:48	
횡천	136	13:33		15:07				18:05		19:55	
양보	486	13:41		15:15				18:13		20:03	
북천	064	13:48		15:22				18:20		20:10	
완사	484	14:00		15:33				18:30		20:20	
진주	063	14:15		15:51				18:46	20:15	20:36	

시발역		목포 09:10	마산 16:03	순천 14:20	용산 09:15	마산 17:35	마산 18:50	순천 17:20	진주 20:15	순천 19:10	광주 18:52
열차종별		무궁화	무궁화	무궁화	무궁화	무궁화	무궁화	무궁화	무궁화	무궁화	무궁화
열차번호		1954	1910	1922	1441	1912	1914	1942	1916	1940	1974
반성	062	14:26		16:02				18:57	20:27	20:47	
군북	061	14:37		16:13				19:08	20:38	20:58	
함안	060	14:44		16:21				19:15	20:45	21:05	
중리	234	14:53		16:30				19:24	20:54	21:14	
마산	059	15:02	16:03	16:39		17:35	18:50	19:33	21:03	21:23	
창원	057	15:08	16:09	16:45		17:41	18:56	19:39	21:09	21:29	
창원중앙	512	15:18	16:19	16:55		17:51	19:06	19:49	21:19	21:39	
진례	511						19:15				
진영	510	15:29	16:31	17:05		18:03	19:21	20:00	21:30	21:50	
한림정	129	15:34	16:37			18:09					
(밀양)	017		16:54			18:26	19:41		21:50		
삼랑진	018	15:45	경부선경유			경부선경유	경부선경유	20:13	경부선경유	22:03	
원동	215	15:53						20:21		22:11	
물금	224	16:00						20:29		22:18	
화명	210	16:08						20:37		22:26	
구포	019	16:13						20:42		22:31	
사상	143	16:19						20:48		22:37	
부전	190	16:29						20:57		22:46	
비고											
종착역		부전 16:29	동대구 17:48	진영 17:05	순천 15:48	동대구 19:20	동대구 20:34	부전 20:57	동대구 22:44	부전 22:46	순천 21:45

경전선 기차운행표 경전선 하행

시발역		순천 05:55	순천 07:25	부전 06:10	동대구 06:50	마산 09:15	부전 08:18	동대구 09:15	부전 10:35	동대구 11:40	부전 13:05
열차종별		무궁화	무궁화	무궁화	무궁화	무궁화	무궁화	무궁화	무궁화	무궁화	무궁화
열차번호		1971	1442	1951	1901	1921	1939	1903	1941	1905	1953
부전	190			06:10			08:18		10:35		13:05
사상	143			06:22			08:29		10:46		13:16
구포	019			06:28			08:35		10:52		13:22
화명	210			06:33			08:40		10:56		13:27
물금	224			06:44			08:48		11:04		13:35
원동	215			06:52			08:56		11:12		13:42
삼랑진	018			07:01	경부선경유		09:05	경부선경유	11:21	경부선경유	13:50
(밀양)	017				07:37			10:01		12:32	
한림정	129			07:12	07:55		09:16		11:32		14:00
진영	510			07:18	08:01		09:22	10:21	11:38	12:52	14:06
진례	511									12:58	
창원중앙	512			07:29	08:13		09:33	10:33	11:50	13:07	14:17
창원	057			07:38	08:22		09:42	10:42	11:59	13:16	14:26
마산	059			07:45	08:27	09:15	09:49	10:47	12:06	13:21	14:33
중리	234			07:53		09:23	09:57		12:14		14:41
함안	060			08:02		09:32	10:06		12:26		14:50
군북	061			08:09		09:40	10:13		12:34		14:57
반성	062			08:20		09:51	10:24		12:45		15:08
진주	063			08:31		10:02	10:35		12:56		15:19
완사	484			08:46		10:18	10:50		13:10		15:34
북천	064			08:57		10:30	11:01		13:20		15:46
양보	486			09:04		10:37	11:08		13:26		15:53
횡천	136			09:12		10:46	11:16		13:34		16:01

시발역		순천	순천	부전	동대구	마산	부전	동대구	부전	동대구	부전
		05:55	07:25	06:10	06:50	09:15	08:18	09:15	10:35	11:40	13:05
열차종별		무궁화	무궁화	무궁화	무궁화	무궁화	무궁화	무궁화	무궁화	무궁화	무궁화
열차번호		1971	1442	1951	1901	1921	1939	1903	1941	1905	1953
하동	065			09:20		10:54	11:24		13:42		16:09
진상	066			09:28		11:02	11:32		13:49		16:17
옥곡	067			09:34		11:08	11:38		13:55		16:23
광양	068			09:49		11:21	11:51		14:07		16:36
순천	051	05:55	07:25	09:59		11:30	11:59		14:15		16:45
벌교	089	06:19	07:51	10:21							
조성	088	06:28	08:02	10:32							
예당	075	06:34	08:09	10:38							
득량	205	06:40	08:15	10:44							
보성	069	06:50	08:26	10:55							
광곡	491										
명봉	235	07:01		11:05							
이양	055	07:14	08:49	11:18							
능주	132	07:26	09:01	11:31							
화순	054	07:39	09:13	11:44							
남평	497										
효천	274	07:57	09:28	12:01							
서광주	275	08:03	09:34	12:07							
광주송정	036	08:12		12:18							
(광주)	042		호남선경유	호남선경유							
비고											
종착역		광주송정	용산	목포	마산	순천	순천	마산	순천	마산	순천
		08:12	14:03	13:13	08:27	11:30	11:59	10:47	14:15	13:21	16:45

시발역	서울	순천	동대구	동대구	동대구	포항	동대구	서울	동대구	서울
	09:40	17:35	14:20	16:42	17:15	16:13	18:35	16:44	21:10	19:13
열차종별	무궁화	무궁화	무궁화	무궁화	무궁화	무궁화	무궁화	무궁화	무궁화	새마을
열차번호	1271	1973	1907	1909	1911	1943	1913	1273	1915	1031
						동해남부선 경유				
부전 190						18:54				
사상 143						19:05				
구포 019						19:11				
화명 210						19:16				
물금 224						19:24				
원동 215						19:32				
삼랑진 018	경부선경유		경부선경유	경부선경유	경부선경유	19:41	경부선경유	경부선경유	경부선경유	경부선경유
(밀양) 017	14:21		15:09	17:28	18:01		19:24	21:21	21:56	23:35
한림정 129	14:38		15:27	17:48		19:52	19:42			
진영 510	14:44		15:33	17:54	18:21	19:58	19:50	21:41	22:16	23:55
진례 511					18:27	20:04	19:56		22:22	
창원중앙 512	14:55		15:45	18:06	18:36	20:13	20:05	21:52	22:31	00:06
창원 057	15:04		15:54	18:15	18:45	20:22	20:14	22:01	22:40	00:15
마산 059	15:11		15:59	18:20	18:52	20:29	20:19	22:08	22:45	00:21
중리 234	15:19				19:00	20:37		22:16		
함안 060	15:28				19:09	20:46		22:28		00:34
군북 061	15:35				19:17	20:53		22:36		
반성 062	15:46				19:28	21:04		22:47		
진주 063	15:57				19:39	21:15		22:58		00:55
완사 484						21:30				
북천 064						21:40				
양보 486						21:47				
횡천 136						21:54				

시발역	서울 09:40	순천 17:35	동대구 14:20	동대구 16:42	동대구 17:15	포항 16:13	동대구 18:35	서울 16:44	동대구 21:10	서울 19:13
열차종별	무궁화	무궁화	무궁화	무궁화	무궁화	무궁화	무궁화	무궁화	무궁화	새마을
열차번호	1271	1973	1907	1909	1911	1943	1913	1273	1915	1031
하동 065						22:02				
진상 066						22:10				
옥곡 067						22:16				
광양 068						22:28				
순천 051		17:35				22:36				
벌교 089		17:58								
조성 088		18:09								
예당 075		18:15								
득량 205		18:21								
보성 069		18:31								
광곡 491										
명봉 235		18:41								
이양 055		18:55								
능주 132		19:08								
화순 054		19:18								
남평 497										
효천 274		19:35								
서광주 275		19:41								
광주송정 036		20:05								
(광주) 042		20:19								
비고										
종착역	진주 15:57	광주 20:19	마산 15:59	마산 18:20	진주 19:39	순천 22:36	마산 20:19	진주 22:58	마산 22:45	진주 00:55

남도여행법
경전선을 타고 느리게, 더 느리게

발행일 | 초판 1쇄 2014년 6월 16일

지은이 | 김종길
펴낸이 | 임후남

펴낸곳 | 생각을담는집
주　소 | 경기도 광주시 오포읍 머루숯길 81번길 33
전　화 | 070-8274-8587
팩　스 | 031-719-8587
전자우편 | mindprinting@hanmail.net

디자인 | nice age
인　쇄 | 올인피앤비

ISBN 978-89-94981-29-1 13910

국립중앙도서관 출판시도서목록(CIP)

남도여행법 : 경전선을 타고 느리게, 더 느리게 / 지은이: 김종길. ― 광주 : 생각을담는집, 2014
　　p. ;　cm
ISBN 978-89-94981-29-1 13910 : ₩18000
경전선[慶全線]
국내 여행[國內旅行]
981.102-KDC5
915.19-DDC21　　　　　　　　　　　　　　　CIP2014016919

이 도서의 국립중앙도서관 출판시도서목록(CIP)은 서지정보유통지원시스템 홈페이지(http://seoji.nl.go.kr)와
국가자료공동목록시스템(http://www.nl.go.kr/kolisnet)에서 이용하실 수 있습니다. (CIP제어번호: CIP2014016919)

* 책값은 뒤표지에 있습니다.

* 잘못 만들어진 책은 구입하신 곳에서 교환해 드립니다.